# 이서윤쌤의
# 초등 글쓰기 처방전

## ☆ 논술 : 주장과 근거 쓰기 ☆

이서윤 글 | 아밀리아 그림

메가스터디BOOKS

# 논술의 첫걸음, '주장과 근거 쓰기' 연습

여러분 '논술'이라는 말 들어 봤나요? '논술'이라는 말이 아직 낯설다고요? 그렇다면 생각이 다른 친구나 부모님, 선생님을 설득해야 했던 경험은 있나요? 다른 사람을 설득하기 위한 나만의 '주장'이 있을 것이고, 그 주장에 힘을 싣기 위한 '근거'들이 있겠지요? '논술'이란 내 생각을 글로 잘 설명해서 다른 사람을 설득하는 것이에요.

예를 들어, 동동이가 새로운 보드게임이 사고 싶다면, "보드게임 사 주세요."라고 말하는 대신, "새로운 보드게임을 하면서 스트레스를 풀고 싶어요. 집에 있는 건 너무 지겨워요. 그리고 게임 끝난 후 정리도 잘할게요."라고 말하는 것이 논술의 시작이에요. 이렇게 논술은 다른 사람에게 내 의견을 이해시키고 설득하는 방법이죠.

논술을 잘하려면 내 주장을 분명히 하고, 그 주장을 뒷받침할 이유나 근거를 써야 해요. 논술이 처음이라면, '주장과 근거 쓰기'부터 연습해 봐요. 내가 무엇을 주장하는지 분명히 하고, 그 주장을 뒷받침할 근거를 찾아보는 거예요. 이렇게 논리적으로 글을 쓰면 다른 사람들이 내 말을 더 쉽게 이해하고 따를 수 있어요.

## 내 생각을 드러내는 주장하기

선생님이 수업을 하려고 들어간 교실 바닥에 쓰레기가 너무 많다면, 선생님은 학생들에게 어떤 말을 하고 싶을까요? 선생님이 학생들에게 하고 싶은 말, 그게 바로 '주장'이에요. 주장이란 자기의 생각이나 의견을 내세우는 것을 말하지요. 선생님은 학생들에게 "교실을 깨끗하게 사용하자!"라고 주장하고 싶었을 거예요.

주장은 이런 특성이 있으면 좋아요.

| 특성 | 설명 | 예시 |
|---|---|---|
| 1. 분명하게 표현하기 | 주장은 사람들이 쉽게 이해할 수 있도록 똑똑하고 명확하게 말해야 해요. | 우리가 사용하는 교실을 깨끗하게 유지하자! |
| 2. 짧고 간단하게 말하기 | 너무 길게 말하지 말고 짧고 간단하게 말하는 것이 더 효과적이에요. 짧고 간단하면 사람들이 더 빨리 이해할 수 있어요. | 환경을 지키자! |
| 3. 공감할 만한 가치 담기 | 많은 사람이 중요하다고 생각하는 가치를 담으면 공감하기도 설득하기도 쉬워요. | 친구들을 배려하자! |

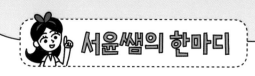

## 좋은 근거의 조건

　주장을 뒷받침하는 '근거'는 내 생각이 옳다는 이유를 설명하는 거예요. 예를 들어, "아파트에서 뛰지 말자!"라는 주장을 할 때, "왜?"라고 물으면, 그 이유가 바로 근거예요. 근거는 내가 왜 그런 주장을 하는지 설명해 주는 말이나 자료예요.

설득력 있는 근거에는 이런 특징이 있어요.

타당성: 근거가 주제에 잘 맞아야 해요.

신뢰성: 근거가 믿을 만해야 해요. 내가 경험한 것처럼 확실한 것이라면 더 좋겠죠.

공정성: 내 입장만 생각하지 말고, 다른 사람의 생각도 고려해야 해요.

다양성: 하나만 말하지 말고 여러 가지 이유를 제시하면 더 설득력이 있어요.

|  | 설명 | 근거 종류 |
|---|---|---|
| 사실 근거 | 객관적인 사실이나 정보를 바탕으로 한 근거예요. 모두가 인정할 수 있는 정확한 내용이기 때문에 더 설득력이 있어요. | 일반적인 지식, 객관적인 사실, 통계 자료, 역사적 사실, 기사·속담 인용 등 |
| 소견 근거 | 내 생각이나 감정 또는 전문가의 의견을 바탕으로 한 근거예요. 주관적인 내용이지만, 믿을 수 있는 사람의 의견이라면 더 믿을 만하지요. | 권위자나 전문가의 의견, 주관적인 의견 등 |
| 기타 근거 | 주장의 필요성이나 장점을 설명하거나, 반대 의견에 대해 문제를 지적하는 방법이에요. | 장점 제시, 필요성 강조, 새로운 제안, 반대 의견에 대한 반박 등 |

　이렇게 다양한 근거들을 사용하면, 주장에 힘이 실리고 사람들을 더욱 효과적으로 설득할 수 있어요.

## 세 가지 근거 쓰기 연습

주장하는 글은 보통 서론, 본론, 결론의 구성으로 논술을 쓰지만, 이 책에서는 본격적인 논술을 하기 전에 '주장과 근거 쓰기'부터 연습해 보려고 해요.

책에서 제시하는 50가지 주제에 대한 본인의 의견을 주장으로 해서, 그 근거를 세 가지씩 제시해 보는 훈련이에요. 각 근거에 대해서는 중심 문장과 뒷받침 문장으로 길게 설명할 수도 있겠지만, 여기서는 '첫째, 둘째, 셋째'와 같은 표현이나 '그러나, 그러므로, 게다가' 같은 접속사를 사용해서 근거가 들어간 중심 문장만 간결하게 나열하여, 짧은 글 안에서도 논리적으로 흐름 찾는 연습을 할 수 있어요.

처음 논술을 시작할 때는, 간결하고 명확한 중심 문장으로 '주장과 근거 쓰기' 연습을 통해 논리적 사고력과 표현 능력을 기를 수 있어요. 이렇게 하면 논술의 기초를 탄탄히 다질 수 있고, 이후에 내용을 확장해 나갈 때 더 쉽게 글을 발전시킬 수 있답니다.

이서윤(랑랑쌤)

## 구성과 특징

# 4가지 영역, 50가지 주제로 초등 처음 논술 시작!

▶ **생활 논술** _ 사소하지만 재미있는 일상적인 주제 20가지
▶ **동화 논술** _ 동화 속 이야기로 들어가 보는 주제 14가지
▶ **상상 논술** _ 상상력과 창의력을 키워 주는 주제 11가지
▶ **사회 논술** _ 우리가 사는 세상의 문제를 고민하는 주제 5가지

### 처음 논술을 위한 주제 50가지! ●

맨 처음 논술을 시작하는 어린이가 어렵지 않게
자신의 주장을 정하고 근거를 내세우기 재미난
주제들로 50가지를 제안해요.

### 3단계 주장과 근거 연결하기 ●

1단계: 만화를 읽고 내 생각 정리하기
2단계: 내 생각을 주장으로 바꾸기
3단계: 구체적인 예시나 이유를 근거로 내세우기

### 서윤쌤의 처방 쏙! ●

각각의 주장에 맞는 근거 찾는 방법을
서윤쌤이 구체적으로 제안해 줘요.
▶ [생각 더하기]에서는 각 주장에 어울릴 만한
   근거들을 제시해 줘요. '나만의 주장과 근거 쓰기'를
   할 때도 활용해 보아요.

| 생각 더하기 |

● 라면을 너무 많이 먹으면 몸무게가 너무 늘어나서 비만이 될 수 있다.
● 어릴 때부터 건강하게 먹는 습관을 들이는 것이 좋다.
● 라면에 채소, 계란, 밥 등을 같이 넣어서 먹으면 영양을 보충할 수 있다.
● 다양한 음식을 먹어 보는 것도 경험을 넓히는 것이다.

## 주장과 근거 쓰기

주장 초등학생은 라면을 먹지 않는 것이 좋다.

근거1 첫째, TV 프로그램에서 영양 불균형인 라면을 많이 먹으면 건강에 좋지 않다고 했다.
- TV 프로그램 인용

근거2 둘째, 책에서 라면에는 나트륨이 너무 많이 들어 있고 영양소가 골고루 들어 있지 않다고 했다. - 도서 인용

근거3 셋째, 성장기 어린이에게 라면이 좋지 않으니, 라면은 성장기가 지나고 더 커서 먹어야 한다고 생각한다. - 해결책 제시

 라면을 먹더라도 더 커서 먹자고 내 의견에 대한 해결 방법을 넣었구나. 해결 방법을 제시하면 훨씬 설득력이 있지.

★ 나만의 주장과 근거를 써 보자.

초등학생이 라면을 먹어도 괜찮을까?

주장 _____

근거1 _____

근거2 _____

근거3 _____

19

### ● 주장과 근거 쓰기 예시 글

앞의 두 가지 주장 중 한 쪽의 주장과 세 가지 근거 쓰는 법을 구체적인 예시 글로 보여 줘요. 어떤 종류의 근거를 제시했는지도 알 수 있어요.

### ● 서윤쌤의 논술 톡!

예시 글에 대해 서윤쌤이 잘한 부분은 짚어 주고, 부족한 부분은 채워 줘요.

### ● 나만의 주장과 근거 쓰기

주제에 대한 자신만의 주장을 정하고, 그에 어울리는 세 가지 근거를 직접 써 봐요. 새로운 근거를 찾기가 어렵다면, '생각 더하기'를 참고하거나, 예시 글을 그대로 따라 적어도 괜찮아요.

# 차례

## 주장과 근거 쓰기1 생활 논술

## 주장과 근거 쓰기2 동화 논술

# 주장과 근거 쓰기3 상상 논술

# 주장과 근거 쓰기 4 사회 논술

서윤쌤 비법 처방

자신의 생각을 주장하고 그 근거를 찾는 연습은
우리 주변의 일상에서 시작됩니다. 쉬는 시간이 몇 분이면 좋을지,
학급 임원을 꼭 뽑아야 하는지, 짝꿍을 어떻게 바꾸면 좋을지 등
익숙한 주제를 떠올려 보세요. 이렇게 생활 속 문제를
고민하며 근거를 찾아보는 과정에서 논술을 쓰는 방법을 배우고,
문제 해결력도 자연스럽게 키울 수 있답니다.

서윤쌤스 ☆
비법 처방

| 생활 논술 |

# 주제 1 쉬는 시간, 10분이면 충분할까?

학교 쉬는 시간은 대부분 10분으로 정해져 있는데, 과연 10분이면 쉬는 시간으로 충분할까?

## ★ 서윤쌤의 처방 쏙! ★★

쉬는 시간에 대한 생각은 사람마다 다를 수 있지. 근거를 제시할 때, 자기 경험을 녹이는 것은
아주 좋아. 그리고 내 의견을 뒷받침할 다른 의견이 있을지 찾아봐도 도움이 되지.

 **생각 더하기**

● 쉬는 시간이 짧으면 충분히 뇌를 쉬게 하지 못해서
  다음 수업에 집중하는 게 어렵다.
● 쉬는 시간이 길면 운동장에서 뛰어놀거나 신체를
  활발히 움직일 수 있어서 건강에도 좋다.

● 연구에 따르면 짧은 휴식이 자주 주어지는 것이
  집중력 회복에 더 효과적이라고 한다.
● 쉬는 시간이 길면 공부해야 하는 시간은 같지만,
  하교 시간은 늦어질 수밖에 없다.

## 주장과 근거 쓰기

**주장** 쉬는 시간을 10분보다 늘려야 한다고 생각한다.

**근거1** 첫째, 수업이 끝나면 다음 수업 준비를 하고 화장실을 다녀오느라 쉬는 시간이 다 끝나 버려
제대로 쉴 시간이 없다. - 직접 경험

**근거2** 둘째, 많은 전문가가 운동을 규칙적으로 해야 공부도 더 잘한다고 했다.
- 전문가의 의견

**근거3** 셋째, 핀란드 학교는 쉬는 시간이 15분인데, 그곳 학생들의 성적이
더 높다고 한다. - 다른 나라 사례

 나의 경험도 좋은 근거가 될 수 있지만, 전문가의 의견이나 다른 나라의 사례는 나의 주장을
뒷받침하는 객관적인 근거가 될 수 있지.

 나만의 주장과 근거를 써 보자.

쉬는 시간, 10분이면 충분할까?

**주장** _____

**근거1** _____
_____

**근거2** _____

검색

**근거3** _____
_____

# 주제 2 글씨는 꼭 예쁘게 써야 할까?

내가 제일 좋아하는 아이돌이 글씨를 잘 못 쓴다면 어떤 생각이 들까? 글씨를 꼭 예쁘게 쓰는 게 중요할까?

좀 삐뚤빼뚤하네. 그래도 난 파이브 보이즈가 좋아. 글씨를 반드시 잘 써야만 하는 건 아니라고 생각해.

안녕, 우리 핑키들. 우리 파이브 보이즈를 사랑해 줘서 고마워. 항상 너희들을 생각하며 열심히 활동할게.

꺅, 글씨가 이게 뭐야. 어제만큼 잘 생겨 보이진 않아.

글씨가 꼭 예쁘지 않아도 괜찮아. 글씨체보다는 글을 얼마나 정성 들여서 썼는지가 더 중요해.

글씨는 예쁘게 쓰는 게 좋아. 글씨가 예쁘면 글 내용도 성의가 있어 보이고, 글씨 쓴 사람도 더 멋진 느낌이 들어.

## ★ 서윤쌤의 처방 쏙! ★★

글씨가 예쁘지 않아도 괜찮다는 주장에 대해 글의 내용이 더 중요하다는 것은 좋은 근거야.

다만 좀 더 직접적인 근거가 있으면 좋겠어. 글씨가 예뻐야 한다는 주장에 대해서도 설득력

있는 근거가 더 필요하겠는데!

 **생각 더하기**

- 요즘에는 컴퓨터나 태블릿 피시를 사용하기 때문에 직접 글씨를 쓸 일이 별로 없다.
- 글은 어차피 내용을 잘 전달하기만 하면 된다.

- 글씨가 예뻐야 글이 명확하게 읽히고 뜻도 잘 전달할 수 있다.
- 시험에서 잘 쓴 글씨는 점수를 더 주고 싶게 한다고 담임 선생님이 말씀하셨다.

## 주장과 근거 쓰기

**주장** 글씨는 예쁘게 쓰는 게 좋다고 생각한다.

**근거1** 왜냐하면 멋지게만 보이던 아이돌의 글씨가 안 예쁘니 덜 잘 생겨 보였기 때문이다.
- 직접 경험

**근거2** 게다가 우리 담임 선생님께서 시험지에 글씨를 잘 쓰면 점수를 더 주고 싶다고
말씀하셨다. - 전문가의 의견

**근거3** 실제로 책에서 잘 쓴 글씨에는 '후광 효과'라는 게 있어서 보는 사람에게
더 긍정적인 마음을 갖게 한다고 했다. - 도서 인용

주장에 대한 근거를 읽은 책에서 빌려 온 건 좋은 방법이야. 그런 걸 '인용'이라고 해.

나만의 주장과 근거를 써 보자.

글씨는 꼭 예쁘게 써야 할까?

**주장** _____

**근거1** _____
_____

**근거2** _____
_____

**근거3** _____
_____

# 주제 3 초등학생이 라면을 먹어도 괜찮을까?

냄새를 맡으면 당장 먹지 않고 못 배기는 라면. 이 맛있는 라면이 성장기 어린이 건강에 좋지 않다는데,
초등학생이 라면을 먹어도 괜찮을까?

엄마, 아빠. 이게 대체
무슨 냄새죠?

라면이 어린이
건강에 안 좋다지 뭐야.

맞아! 그래서 엄마 아빠가
다 먹어 버리는 거야.
에잇, 나쁜 라면.

성장기에는 라면을
먹지 않는 것이 좋아.
성장기에는 영양소가 골고루
필요한데, 라면은 영양소가
골고루 들어 있지 않고
특히 나트륨이 너무 많아.

라면을 가끔은 먹어도 괜찮아요.
조리법도 간단해서 시간 없을 때
먹기 딱 좋잖아요. 다른 때 밥을
잘 먹으니 가끔은
먹어도 된다고 생각해요.

## ★ 서윤쌤의 처방 쏙! ★★

라면을 먹어서 좋지 않은 점, 반대로 라면을 먹는 게 편리한 점이 각 주장의 근거가 될 수 있지.
또 다른 근거는 각각 무엇이 있을까?

 **생각 더하기**

| |
|---|
| ● 라면을 너무 많이 먹으면 몸무게가 너무 늘어나서 비만이 될 수 있다. |
| ● 어릴 때부터 건강하게 먹는 습관을 들이는 것이 좋다. |

| |
|---|
| ● 라면에 채소, 계란, 밥 등을 같이 넣어서 먹으면 영양을 보충할 수 있다. |
| ● 다양한 음식을 먹어 보는 것도 경험을 넓히는 것이다. |

## 주장과 근거 쓰기

**주장** 초등학생은 라면을 먹지 않는 것이 좋다.

**근거1** 첫째, TV 프로그램에서 영양 불균형인 라면을 많이 먹으면 건강에 좋지 않다고 했다.
- TV 프로그램 인용

**근거2** 둘째, 책에서 라면에는 나트륨이 너무 많이 들어 있고 영양소가 골고루
들어 있지 않다고 했다. - 도서 인용

**근거3** 셋째, 성장기 어린이에게 라면이 좋지 않으니, 라면은 성장기가
지나고 더 커서 먹어야 한다고 생각한다. - 해결책 제시

 라면을 먹더라도 더 커서 먹자는 해결 방법을 넣었구나.
해결 방법을 제시하면 훨씬 설득력이 있지.

 나만의 주장과 근거를 써 보자.

---

초등학생이 라면을 먹어도 괜찮을까?

**주장** _____

**근거1** _____

_____

**근거2** _____

_____

**근거3** _____

_____

| 생활 논술 |

# 주제 4 스마트폰이 초등학생에게 꼭 필요할까?

부모님이 초등학생에게는 스마트폰이 필요 없다며 안 사 주시는데 어떻게 설득해야 할까?
스마트폰이 정말 초등학생에게 필요하지 않은 걸까?

## 서윤쌤의 처방 쏙! ★★

게임을 하기 위해서 스마트폰이 필요하다는 건, 주장의 근거로 조금 부족해. 주장에 설득력이
있으려면 긍정적인 효과를 끌어내는 근거가 더 필요해. 소통의 도구로써 스마트폰의 필요성을
강조하는 건 좋아. 그런데 스마트폰 사용할 때의 문제점은 없을까?

 **생각 더하기**

● 스마트폰을 과하게 사용하면 눈이 나빠질 수 있다.
● 스마트폰으로 게임을 하느라 시간을 많이 빼앗겨 공부에 소홀할 수 있다.

● 방과 후 수업 시간에 체험한 내용을 스마트폰으로 찍어 둘 수 있다.
● 공부하다 모르는 내용이 나오면, 스마트폰으로 검색할 수도 있다.

## 주장과 근거 쓰기

**주장** 초등학생에게 스마트폰이 꼭 필요하다고 생각한다.

**근거1** 왜냐하면 요즘 초등학생들은 주로 메신저로 소통하므로 친구들과 연락하기 위해서는 스마트폰이 필수이기 때문이다. - 객관적인 사실

**근거2** 특히 공부하면서 모르는 게 있으면 스마트폰으로 검색을 할 수 있다. - 장점 제시

**근거3** 물론 스마트폰을 잘못 사용하면 게임에 빠져 공부에 소홀해질 수도 있다. 하지만 스마트폰을 정해진 시간만 사용한다면, 초등학생도 스마트폰을 충분히 잘 활용할 수 있다. - 해결책 제시

 나의 주장에 모두가 공감할 만한 명확한 문제점이 있다면, 우려되는 문제점에 대한 해결책까지 이야기하는 게 좋지.

 나만의 주장과 근거를 써 보자.

스마트폰이 초등학생에게 꼭 필요할까?

**주장** _____

**근거1** _____
_____

**근거2** _____
_____

**근거3** _____
_____

# 주제 5 친구 생일 선물을 직접 만들까? 살까?

친구 생일에 선물을 준비하려고 해. 직접 만든 선물? 아니면 돈을 주고 산 선물? 어떤 선물이 좋을까?

## ★ 서윤쌤의 처방 쏙! ★★

생일 선물은 상대방이 마음에 들어 하는 게 물론 가장 중요하지.

이렇게 주관적인 의견이 강한 주제에 대해서는 자신의 경험을 바탕으로 생각하거나

느낀 것에 대해 설득력 있게 설명해야 해.

### 생각 더하기

● 직접 만든 선물은 돈으로 살 수 없는 특별한 가치가 있다.

● 직접 만든 선물은 정성이 듬뿍 들어가서 친구에게 더 큰 감동을 줄 수 있다.

● 파는 선물이 훨씬 더 실용적으로 사용할 수 있다.

● 돈을 주고 구입하면 고를 수 있는 종류도 다양하고, 품질도 훨씬 좋다.

## 주장과 근거 쓰기

**주장** 직접 만든 선물이 더 좋다고 생각한다.

**근거1** 왜냐하면 직접 만드는 것은 정성이 더 많이 담기기 때문이다. - 주관적인 의견1

**근거2** 예전에 친구에게 십자수 쿠션을 선물한 적이 있었는데, 하나밖에 없는 쿠션이라며
친구가 정말 좋아했다. - 직접 경험

**근거3** 게다가 용돈이 부족한 사람도 친구의 생일을 축하해 줄 수 있는
좋은 방법이라고 생각한다. - 주관적인 의견2

주관적인 의견을 근거로 들면 설득력이 약할 수 있는데, 경험에 비추어 근거를 더하니
강조의 의미가 있네.

 나만의 주장과 근거를 써 보자.

친구 생일 선물을 만드는 게 나을까, 사는 게 나을까?

**주장** _____

**근거1** _____
_____

**근거2** _____
_____

**근거3** _____
_____

# 주제 6 친구와 친해지기 게임, 어떻게 생각해?

같은 반이 된 친구들과 빨리 친해지기 위해 게임을 하는 게 나을까? 그냥 자연스럽게 대화를 하는 게 나을까?

새 학기 첫날!

설마 또 게임을 하는 건 아니겠지? 난 게임 잘 못하는데. 그냥 자연스럽게 친해져도 괜찮다고!

친해지기 게임 같은 거 했으면 좋겠다. 나는 말 거는 게 어려운데.

자연스럽게 대화하는 것이 좋아. 게임을 하기 싫을 수도 있잖아. 시간은 좀 걸려도 자유롭게 대화하는 게 더 좋아.

친해지기 게임을 하는 것이 좋아. 게임을 같이하면 훨씬 쉽게 친해질 수 있어.

이름 맞추기

## ★ 서윤쌤의 처방 쏙! ★★

친구와 자연스럽게 친해질 수도 있고, 게임을 통해 친해질 수도 있어.

이건 각자의 성격에 따라 다를 것 같아. 그러니 각자 경험한 것을 떠올려 보고,

자신에게 더 좋았던 이유를 근거로 내세워 봐.

### 생각 더하기

| |
|---|
| ● 자유롭게 이야기하면 내가 관심 있는 친구들과 더 빨리 친해질 수 있다. |
| ● 게임을 하면 더 긴장만 되고 재미없다. |

| |
|---|
| ● 친해지기 게임을 통해서 친구 이름을 더 잘 알게 된다. |
| ● 먼저 말 걸기 어려워하는 사람에게는 게임이 친해지는 데 도움을 준다. |

## 주장과 근거 쓰기

**주장** 친해지기 게임을 하는 것이 좋다고 생각한다.

**근거1** 왜냐하면 나는 부끄러움이 많은 성격인데 게임을 하면서 어색함이 사라졌던 적이 있기 때문이다. - 직접 경험1

**근거2** 게다가 게임을 하면서 억지로라도 말을 하게 되어서 친해질 수 있었다. - 직접 경험2

**근거3** 그리고 관심 있는 친구와 더 친해지는 건 쉬는 시간이나 다른 때에 대화를 많이 하면 된다고 생각한다.- 반대 의견에 대한 반박

 반대 의견에 대한 반박이 아주 좋아. 반대하던 친구들이 고개를 끄덕이겠는걸!

 나만의 주장과 근거를 써 보자.

새 학기 첫날, 친구와 친해지기 게임을 하는 것이 좋을까? 자연스럽게 대화하는 것이 좋을까?

**주장** _____

**근거1** _____

_____

**근거2** _____

_____

**근거3** _____

_____

# 주제 7 두근두근! 학급 임원을 해야 할까?

학기 초마다 뽑는 학급 임원. 학급 임원은 하는 게 좋을까? 하지 않는 게 좋을까?

## ★ 서윤쌤의 처방 쏙! ★★

학급 임원을 했을 때의 장점과 단점이 확실하네.

그렇다면 학급 임원을 하게 될 때의 장단점을 더 구체적으로 생각해 봐.

### 생각 더하기

● 임원을 하면서 오히려 공부 시간을 빼앗길 수 있다.
● 임원을 하지 않아도 학급 일과 친구들을 돕는 것으로 충분하다.

● 임원을 하면, 전교 어린이 회의 같은 데 참여하면서 발표력이나 자신감을 키울 수 있다.
● 어른이 되어서 리더를 해야 하는 상황이 있는데, 그때 도움이 될 수 있다.

## 주장과 근거 쓰기

**주장** 학급 임원을 굳이 안 해도 된다고 생각한다.

**근거1** 첫째, 전에 친구가 반장을 맡았다가 스트레스 받는 것을 보았다. - 간접 경험

**근거2** 둘째, 다른 친구들을 조용히 시키거나 선생님 심부름을 하면서 공부 시간을 뺏길 수 있다.
　　　 - 반대 주장의 단점 제시

**근거3** 셋째, 임원을 꼭 해야만 리더십이나 발표력이 길러지는 건 아니다.
　　　 모둠 활동을 할 때 리더를 하면서 기를 수도 있다.
　　　 - 반대 의견에 대한 반박

 장단점이 확실한 주제인 만큼, 반대편 주장의 단점을 제시하거나 주장에 대한 반박
내용을 근거로 제시하니 설득력이 강해졌어.

 나만의 주장과 근거를 써 보자.

---

학급 임원은 하는 게 좋을까? 하지 않는 게 좋을까?

**주장** ＿＿＿＿＿＿＿＿＿＿＿＿＿＿＿＿＿＿＿＿＿＿＿＿＿

**근거1** ＿＿＿＿＿＿＿＿＿＿＿＿＿＿＿＿＿＿＿＿＿＿＿＿＿
＿＿＿＿＿＿＿＿＿＿＿＿＿＿＿＿＿＿＿＿＿＿＿＿＿

**근거2** ＿＿＿＿＿＿＿＿＿＿＿＿＿＿＿＿＿＿＿＿＿＿＿＿＿
＿＿＿＿＿＿＿＿＿＿＿＿＿＿＿＿＿＿＿＿＿＿＿＿＿

**근거3** ＿＿＿＿＿＿＿＿＿＿＿＿＿＿＿＿＿＿＿＿＿＿＿＿＿
＿＿＿＿＿＿＿＿＿＿＿＿＿＿＿＿＿＿＿＿＿＿＿＿＿

## 쭈제 8 혼자 공부할까? 아니면 친구랑 같이 공부할까?

친구와 함께 공부하는 것이 공부가 더 잘되는 것 같기도 하고, 혼자서 하는 게 더 집중하기 좋은 것 같기도 하고…, 어떤 게 더 좋을까?

엄마, 내일 친구 집에서 공부해도 돼요?

공부는 혼자 해야지. 친구랑 같이 무슨 공부를 하니. 안 돼!

혼자 하나 같이 하나 어차피 공부 안 하긴 마찬가지네. 어휴.

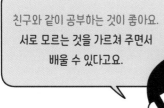

친구와 같이 공부하는 것이 좋아요. 서로 모르는 것을 가르쳐 주면서 배울 수 있다고요.

공부는 혼자 하는 것이 좋아. 그래야 더 집중할 수 있어.

## ★ 서윤쌤의 처방 쏙! ★★

두 가지 주장에 대한 경험이 모두 있을 테니, 어떨 때 공부가 더 잘 되었는지 경험을 떠올리면서 근거를 생각해 봐.

 **생각 더하기**

| | |
|---|---|
| ● 친구가 집중하는 모습을 보면 덩달아 열심히 하게 된다.<br>● 모르는 것이 있을 때 친구에게 물어볼 수 있다. | ● 친구와 장난치다 그냥 놀게 되는 일이 많다.<br>● 공부할 때 누군가 옆에 있으면 집중이 더 안 될 때가 있다. |

## 주장과 근거 쓰기

**주장** 공부는 혼자 하는 것이 좋다.

**근거1** 왜냐하면 친구와 공부하면 같이 놀면서 장난치거나 떠들고 싶어지기 <u>때문이다</u>.
- 반대 의견의 단점 제시

**근거2** <u>게다가</u> 모르는 것은 부모님이나 선생님께 물어보는 게 더 낫다.
- 반대 의견에 대한 반박

**근거3** <u>그래서</u> 혼자 공부해야 더 집중해서 잘할 수 있다.
- 주관적인 의견

 내 주장과 반대되는 의견의 단점과 반대 의견에 대한 반박 거리를 찾아내니 좋은 근거가 되었어.

 나만의 주장과 근거를 써 보자.

---

혼자 공부할까? 아니면 친구랑 같이 공부할까?

**주장** _____

**근거1** _____
_____

**근거2** _____
_____

**근거3** _____
_____

# 주제 9 만우절에 거짓말해도 괜찮을까?

장난칠 생각에 들뜨는 만우절. 만우절이니까 하루쯤은 거짓말도 괜찮을까?
장난이어도 거짓말은 나쁜 걸까?

얘들아, 얘들아. 오늘 수업 안 한대. 집에 가자.

어휴, 만우절인 거 다 알거든?

얘들아, 근데 동우 진짜 갔어?

동우야, 돌아와. 그냥 만우절 거짓말이야!

만우절이라도 거짓말은 하지 않는 것이 좋아. 장난이 지나치면 기분이 상하거나 잘못된 오해를 불러일으킬 수 있으니까.

만우절 하루는 거짓말해도 괜찮아. 만우절은 장난을 즐기기 위해 사람들이 정한 날이잖아.

## ★ 서윤쌤의 처방 쏙! ★★

만우절에 거짓말 장난을 했던 경험과 당했던 경험, 양쪽 입장에서 다 생각하고 나의 입장을 정해서 주장을 해야겠지?

 **생각 더하기**

- 친구 관계에서는 믿음이 중요한데 거짓말은 그 믿음을 해친다.
- 모든 사람이 장난을 좋아하는 것은 아니다.

- 어색한 사이인데 장난으로 웃게 되고 가까워지기도 한다.
- 심하지 않은 적당한 장난이라면 기분 나쁘지 않게 받아들일 수 있다고 생각한다.

## 주장과 근거 쓰기

**주장** 만우절에도 거짓말을 하지 않는 것이 좋다.

**근거1** 왜냐하면 만우절에 친구가 거짓말을 해서 교실에 혼자 남아 있었던 적이 있었는데, 장난이었지만 기분이 정말 나빴기 때문이다. - 직접 경험

**근거2** 그래서 아무리 작은 장난이더라도 거짓말을 하면 친구 사이가 멀어질 수 있다고 생각한다. - 주관적인 의견

**근거3** 또한 모든 사람이 장난을 좋아하는 것은 아니기 때문에 장난이 스트레스가 될 수 있다. - 반대 의견에 대한 단점 제시

만우절에 친구의 장난 때문에 기분 나빴던 경험으로 아주 훌륭한 근거를 만들어 냈어.

나만의 주장과 근거를 써 보자.

---

만우절에 거짓말해도 괜찮을까?

**주장** _____

**근거1** _____
_____

**근거2** _____
_____

**근거3** _____
_____

# 주제 10 친구가 때리면 어떻게 해야 할까?

친구가 장난으로 나를 때렸어. 어떻게 하지? 참는 것이 더 나은 선택일까, 아니면 맞서서 같이 때려야 할까?

★ **서윤쌤의 처방 쏙!** ★★

친구가 때렸을 때, 참는 상황이나 같이 때려 주는 상황을 각각 표현하는 속담이 있어.
속담을 통해 주장을 펼쳐 보면 어떨까?

 **생각 더하기**

| |
|---|---|
| ● '참을 인이 세 개면 살인도 면한다'라는 속담처럼, 참는 것이 도움이 되기도 한다. <br> ● 감정을 참으며 말로 이야기하거나 선생님 또는 부모님께 도움을 요청해서 해결할 수 있다. | ● 친구가 때린 만큼 똑같이 때려서 나를 보호하는 것도 중요하다. <br> ● 친구를 똑같이 때려 줘야 때린 아이도 상대가 얼마나 기분 나쁜지 깨달을 수 있다. |

# 주장과 근거 쓰기

**주장** 친구가 때리면 나도 때릴 수 있다고 생각한다.

**근거1** 첫째, '눈에는 눈, 이에는 이'라는 속담이 있다. 자기가 겪어 봐야 얼마나 아프고 기분 나쁜지 때린 친구도 알게 될 거라고 생각한다. - 속담 인용

**근거2** 둘째, 내가 먼저 때리는 것도 아니고 친구가 먼저 때렸는데 가만히 있으면 오히려 나를 만만하게 볼 것이다. - 반대 주장에 대한 단점

**근거3** 셋째, 나도 같이 때리면 상황이 더 나빠질 수도 있지만, 나를 괴롭히지 말라고 확실하게 알려 주어야 다시는 안 그럴 가능성이 높다. - 반대 의견에 대한 반박

 내 주장을 뒷받침하는 적절한 속담을 제시하는 것도 좋은 방법이야. 그러려면 속담을 많이 알아야겠지?

 나만의 주장과 근거를 써 보자.

---

친구가 나를 때리면 참아야 할까, 아니면 나도 똑같이 때려야 할까?

**주장**
_____

**근거1**
_____
_____

**근거2**
_____
_____

**근거3**
_____
_____

|생활 논술|

## 주제 11 초등학생이 게임을 해도 괜찮을까?

어른들은 초등학생이 게임을 하는 게 안 좋다고 하는데, 왜 게임을 못 하게 하는 걸까? 진짜 하면 안 되는 걸까?

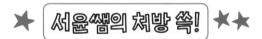

# ★ 서윤쌤의 처방 쏙! ★★

게임을 하는 게 꼭 단점만 있는 것은 아닐 수도 있겠구나!

확실한 단점이 있는 문제도 곰곰이 장점을 생각해 보면 좋은 근거를 찾을 수 있겠어.

 **생각 더하기**

| | |
|---|---|
| ● 게임을 오래 하면 눈이 나빠지고 건강에도 좋지 않다. <br> ● 게임 중에는 내용이 너무 폭력적인 것이 많다. | ● 게임을 안 하면 친구들과 할 이야기가 없다. <br> ● 게임을 하면서 문제를 풀거나 작전을 세우다 보면, 문제 해결력을 기를 수 있다. |

## 주장과 근거 쓰기

**주장** 초등학생은 게임을 하면 안 된다고 생각한다.

**근거1** 첫째, 교실에서 보면 게임을 하고 늦게 자서 다음 날 수업 시간에 집중을 못 하는 친구들이 있다. - 간접 경험1

**근거2** 둘째, 어떤 친구들은 게임 말고는 재미있는 활동을 찾기 어려워한다.
- 간접 경험2

**근거3** 셋째, 너무 게임에만 집중하면 생활 습관이 안 좋아지고 건강에도 좋지 않다. - 반대 의견에 대한 단점 제시

 같은 반 친구들을 관찰한 내용을 근거로 들었구나.
마치 사실을 조사해서 쓴 것처럼 말이야. 정말 좋은 방법이야.

 나만의 주장과 근거를 써 보자.

초등학생이 게임을 해도 괜찮을까?

**주장** _____

**근거1** _____

_____

**근거2** _____

_____

**근거3** _____

_____

# 주제 12 학급 임원은 어떻게 뽑는 게 좋을까?

학급 임원은 모든 학생이 돌아가면서 임원을 맡는 방식과 친구들이 직접 뽑는 방식이 대부분이야.
과연 어떤 방식이 더 적합할까?

##  서윤쌤의 처방 쏙! ★★

학급 임원을 뽑는 방법은 다르지만, 두 방법 모두 장점이 있어.
각각의 장점과 배울 점이 무엇인지 생각하며 근거를 떠올려 보면 어떨까?

### 생각 더하기

| | |
|---|---|
| ● 임원 선거에 나섰는데 떨어지면 속상하다.<br>● 모두에게 임원의 기회를 주는 것이 공평하다고 생각한다. | ● 사회 시간에 투표는 민주주의의 기본이라고 배웠다. 임원을 뽑으며 직접 투표도 해 볼 수 있다.<br>● 임원을 하기 싫은 사람도 있는데, 돌아가면서 하면 억지로 하게 될 수도 있다. |

# 주장과 근거 쓰기

**주장** 학급 임원은 친구들이 직접 뽑는 게 좋다.

**근거1** 왜냐하면 투표로 뽑는 방법이 사회 시간에 배운 '민주주의' 방식에 맞고, 반 친구들 모두의 의견을 듣는 것이기 때문이다. - 교과서 인용

**근거2** 이렇게 뽑힌 임원이 책임감 있게 더 열심히 할 수 있을 거라고 생각한다.
- 장점 제시1

**근거3** 게다가 우리가 성인이 되면 대통령 선거도 하고 국회의원 선거도 하는데, 미리 연습해 볼 수도 있다. - 장점 제시2

 사회 시간에 배운 내용을 근거로 활용했네. 학급 임원 선거의 장점을 내세우니 더욱 설득력이 있구나.

 나만의 주장과 근거를 써 보자.

---

학급 임원은 돌아가면서 하는 게 좋을까, 투표로 뽑는 게 좋을까?

**주장** _____

**근거1** _____

_____

**근거2** _____

_____

**근거3** _____

_____

# 주제 13 영어를 꼭 배워야 할까?

영어는 세계 여러 나라에서 사용하는 국제어야. 그래서 많은 사람이 영어를 배우고 있어.
그런데 대한민국에 살면서 영어를 꼭 배워야 할까?

★ 서윤쌤의 처방 쓱! ★★

초등학생이라 아직 영어를 배우는 중이니, 설득력 있는 근거를 만들기 어려울 수 있어.
그렇다면 영어를 잘해서 좋은 기회를 얻었거나, 또는 영어를 잘하지 않지만 꿈을 이룬 사람들을
각각 조사해 보면 어떨까?

#### 생각 더하기

- 많은 전문가가 영어로 된 책이나 자료를 통해 더 깊고 풍부한 정보를 얻을 수 있다고 말한다.
- 영어를 잘하면 우리나라뿐 아니라 세계 여러 나라에서 자유롭게 공부하거나 일을 할 수 있다.

- 영어 공부를 하지 않으면 그 시간을 활용해서 내가 좋아하고 잘하는 것에 더 많이 투자할 수 있다.
- 번역기가 잘 되어 있어서 영어를 굳이 배우지 않아도 된다.

## 주장과 근거 쓰기

**주장** 영어는 꼭 배워야 한다고 생각한다.

**근거1** 첫째, 우리가 알고 있는 퀴리 부인은 프랑스에서 태어났지만, 영어로 연구 결과를 알려서 세계적으로 알려지게 되었다고 한다. - 역사적 사실

**근거2** 둘째, 영어를 잘하면 외국에 나가서 공부하거나 직업을 얻을 수도 있다.
- 장점 제시

**근거3** 셋째, 영어로 대화할 때 번역기로는 가벼운 도움을 받는 것일 뿐, 자세한 이야기를 나누기 위해서는 직접 영어를 사용해야 한다. - 반대 의견에 대한 단점 제시

 실제 인물에 대한 역사적 사실을 근거로 든 점이 정말 훌륭해.
그러니 영어 공부의 좋은 점을 내세운 근거가 더 설득력이 느껴지네!

 나만의 주장과 근거를 써 보자.

영어를 꼭 배워야 할까?

**주장** _____

**근거1** _____
_____

**근거2** _____
_____

**근거3** _____
_____

## 주제 16 반에서 짝을 정하는 방법, 어떤 게 제일 좋을까?

반에서 짝을 정하는 방법에는 여러 가지가 있어. 어떤 방법이 좋을지 좋은 아이디어를 내 보자.

 ★ 서윤쌤의 처방 쏙! ★★

짝을 정할 때, 선생님들은 왜 제비뽑기나 돌아가며 앉는 방법을 많이 쓰시는 걸까?
그 이유를 선생님의 입장 또는 다른 친구들의 입장에서 생각해 보는 것도
여러 가지 주장과 근거 쓰기를 연습하는 데 도움이 될 거야.

 생각 더하기

| |
|---|
| ● 원하는 사람끼리 앉으면 아무한테도 선택받지 못한 친구가 속상하다. |
| ● 제비뽑기로 정하는 게 오히려 친구들의 불만이 없다고 생각한다. |

| |
|---|
| ● 원하는 짝과 앉으면 기분이 좋아서 공부에 더 집중할 수 있다. |
| ● 나랑 맞지 않는 친구랑 짝이 되면 다시 짝을 바꿀 때까지 마음이 불편하다. |

## 주장과 근거 쓰기

**주장** 앉고 싶은 사람끼리 앉는 게 좋다고 생각한다.

**근거1** 왜냐하면 원하는 친구랑 짝이 되면 학교생활이 즐겁기 때문이다. - 장점 제시1

**근거2** 또 모둠이나 짝끼리 활동을 할 때 서로 마음이 잘 통해서 활동도 잘된다. - 장점 제시2

**근거3** 오히려 짝이 없는 친구들끼리 짝을 하면 된다고 생각한다.

  - 해결책 제시

 앉고 싶은 사람끼리 앉았을 때의 여러 장점을 내세웠구나.
앉고 싶은 사람과 앉는 게 좋다면, 그 방법까지 함께 제안하는 게 어떨까?

 나만의 주장과 근거를 써 보자.

반에서 짝을 정하는 방법, 어떤 게 제일 좋을까?

**주장** _____

**근거1** _____
_____

**근거2** _____
_____

**근거3** _____
_____

41

## 주제 15 한 반에 인원이 적은 것이 좋을까, 많은 것이 좋을까?

한 반 인원이 적을 때와 많을 때, 각각의 장단점이 있잖아. 적은 게 좋을지, 많은 게 좋을지
자기 생각을 정리해 볼까?

우리 반은 8명이야. 그래서 피구나, 축구 같은 걸 하려면 옆 반과 같이 해야 해.

우리는 한 반에 28명이나 있어. 같은 학년에 반도 많아서, 급식도 시간을 정해서 먹어야 하지.

급식실

와글 와글

한 반 인원이 적은 것이 좋아. 친구들이 너무 많으면 항상 소란스러운 것 같거든.

한 반 인원이 많은 것이 좋아. 더 많은 친구랑 놀 수 있잖아.

## ★  서윤쌤의 처방 쏙! ★★

주장의 근거를 생각해 내기가 막연하다면, 직접 경험한 일을 떠올려 봐.
발표나 방과 후 활동, 체험 활동을 했을 때 어땠어?

 **생각 더하기**

- 한 반 인원이 적으면, 조용해서 수업에 집중이 잘된다.
- 인원이 적으면, 선생님께서 한 명 한 명에게 관심을 주실 수 있다.

- 인원이 많으면, 모둠 활동을 할 때 아이디어가 더 많이 나온다.
- 인원이 많으면, 피구나 축구처럼 사람이 많이 필요한 경기도 할 수 있다.

# 주장과 근거 쓰기

**주장** 한 반에 인원이 적은 것이 좋다고 생각한다.

**근거1** 왜냐하면 인원이 너무 많았을 때는 누구한테 말을 걸지 막막하고 당황스러워서 답답했던 적이 있었기 때문이다. - 직접 경험

**근거2** 오히려 인원이 적으면 친구들끼리 더 친하게 지내고 서로 잘 이해해 줄 수 있다. - 장점 제시

**근거3** 게다가 인원이 적으면 친구를 더 소중히 생각해서 덜 싸우게 된다. - 반대 의견에 대한 반박

 내 주장에 대한 긍정적인 면을 많이 생각해 봐. 그것이 반대 의견에 대한 적절한 반박이 되기도 하니까.

 나만의 주장과 근거를 써 보자.

한 반에 인원이 적은 것이 좋을까, 많은 것이 좋을까?

**주장** _____

**근거1** _____
_____

**근거2** _____
_____

**근거3** _____
_____

## 주제 16 쉬는 시간에 조용히 해야 할까? 떠들어도 괜찮을까?

쉬는 시간은 수업 중 쌓인 피로를 풀고, 친구들과 자유롭게 이야기할 수 있는 중요한 시간이야.

그렇다면 쉬는 시간에는 모두 조용히 해야 할까, 아니면 자유롭게 떠들어도 될까?

으아, 시끄러워. 나 숙제해야 해. 좀 조용히 좀 해 주면 안 될까?

네가 우리 반에서 제일 시끄럽잖아. 어쩐 일이래?

힝. 오늘도 숙제 안 하면 반성문 써야 한단 말이야.

쉬는 시간에는 조용히 해야 해. 쉬는 시간에는 책을 읽거나 공부하는 친구들도 있거든.

쉬는 시간에는 떠들어도 돼. 쉬는 시간만큼은 자유롭게 쉴 수 있어야 하는 거 아닐까?

## ★ 서윤쌤의 처방 쏙! ★★

쉬는 시간에 대한 생각은 각자 다를 것 같아. 자신에게 쉬는 시간이 어떤 의미인지,

어떻게 쉬는 시간을 활용했는지 떠올려 보면서 생각을 정리해 봐.

 **생각 더하기**

● 쉬는 시간에 조용한 휴식이 필요한 친구들도 있다.

● 쉬는 시간에 너무 떠들면 수업을 시작한 후에도 분위기가 소란스럽다.

● 쉬는 시간은 친구들과 자유롭게 대화하면서 휴식하는 시간이다.

● 쉬는 시간은 친구들과 놀고 이야기하면서 친해질 수 있는 시간이다.

## 주장과 근거 쓰기

**주장** 쉬는 시간에는 떠들어도 된다고 생각한다.

**근거1** 왜냐하면 쉬는 시간은 말 그대로 '쉬는' 시간인데, 쉬는 시간조차 자유롭게 이야기하지 못하면 스트레스를 풀고 에너지를 충전할 수 없기 때문이다. - 직접 경험

**근거2** 게다가 친구들과 놀고 이야기하면서 쉬는 시간에 친구들과 더 친해질 기회를 만들 수 있다고 생각한다. - 장점 제시

**근거3** 물론 쉬는 시간에 조용하게 쉬고 싶은 친구들도 있지만, 활발하게 친구와 놀거나 웃고 떠들고 싶은 친구들도 많다. - 반대 의견에 대한 반박

 다양한 근거를 활용해 잘 썼지만 약간 아쉬운 점이 있어. 반대 의견에 대한 반박에서, 조용히 쉬고 싶은 친구를 위한 대안까지 제시했다면 더 좋았을 것 같아.

 나만의 주장과 근거를 써 보자.

---

쉬는 시간에 조용히 해야 할까? 떠들어도 괜찮을까?

**주장** _____

**근거1** _____
_____

**근거2** _____
_____

**근거3** _____
_____

# 쭈제 17 오르지 못할 나무는 아예 쳐다보지 말아야 할까?

"오르지 못할 나무는 쳐다 보지 말아라"라는 속담은, 너무 어려워서 성공하기 불가능한 일이나 목표는 처음부터 시도하지 말라는 뜻의 속담이야. 이 속담에 대한 너의 생각은 어때?

상훈아, 문제 풀어야지. 뭐 하고 있니?

쌤! 옛말에 오르지 못할 나무는 쳐다 보지 말라고 했는데요. 이건 저에게 오르지 못할 문제라고요. 무리예요, 무리.

오르지 못할 나무는 쳐다도 보지 말라는 속담에 반대해. 불가능해 보이는 것도 꾸준히 노력하다 보면 성공할 날이 올 텐데, 처음부터 포기하는 건 옳지 않아.

오르지 못할 나무는 쳐다도 보지 말라는 속담에 찬성해요. 아무리 노력해도 힘든 것이 있는데, 그건 처음부터 시작하지 않는 것이 시간을 절약하는 길이라고 생각해요.

## ★ 서윤쌤의 처방 쏙! ★★

이 주제는 '도전'과 연관이 있어. 그렇다면 '도전' 하면 연상되는 역사적인 사실이나 인물의 사례가 좋은 근거가 될 수 있겠네.

 **생각 더하기**

● 도전해 보지도 않고 포기한다면 앞으로도 성장하지 못한다.
● 에디슨은 수천 번 실패하고 전구를 발명했다. 도전해야 성공할 수 있다.

● 괜히 어려운 것에 도전했다가 자신감만 떨어지고 다른 도전조차 하지 못하게 된 적이 있었다.
● 내가 할 수 있는 것에 집중하면 오히려 더 잘할 수 있게 된다고 생각한다.

## 주장과 근거 쓰기

**주장** 오르지 못할 나무는 쳐다도 보지 말라는 속담에 반대한다.

**근거1** 왜냐하면 무슨 일이든 처음은 어렵기 마련인데, 어렵다고 바로 포기하면 성장할 수 없기 때문이다. - 객관적인 사실

**근거2** 예를 들어 에디슨은 수천 번의 실패를 하고 전구를 발명했다. 실패를 거듭하며 포기할 수도 있었지만, 끝까지 도전해서 결국 성공했다. - 역사적 사실

**근거3** 그러므로 어려워 보인다고 자꾸 포기하는 것보다는 꾸준히 연습하며 도전해서 성공해 내는 것이 자신감 향상에도 도움이 된다. - 반대 의견에 대한 반박

 '무슨 일이든 처음은 어렵기 마련이다'라는 객관적인 사실을 근거로 들었네. 만약 속담에 찬성하는 의견에 근거를 쓴다면, '인간은 누구나 한계가 있다'라는 표현을 일반적인 사실로 쓸 수 있겠지!

 나만의 주장과 근거를 써 보자.

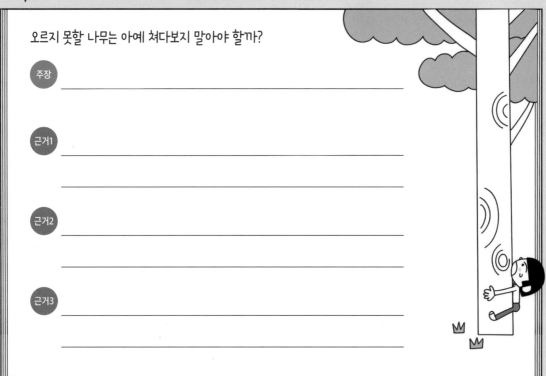

오르지 못할 나무는 아예 쳐다보지 말아야 할까?

**주장** _____

**근거1** _____
_____

**근거2** _____
_____

**근거3** _____
_____

# 주제 18 일기를 쓸 때 앱을 사용하는 게 좋을까, 종이 일기장에 직접 손으로 쓰는 게 좋을까?

일기를 쓰면 자신의 하루를 돌아보고 느낀 점을 기록할 수 있어. 일기 앱을 사용하면 빠르고 편리하게 쓸 수 있을 것 같고, 한편으로는 일기장에 손으로 직접 쓰면 채우는 재미도 있을 것 같아.

## 서윤쌤의 처방 쏙!

내 주장에 대한 장점을 말할 때는 다른 것으로 대체할 수 없는 절대적인 장점을 찾아내면 좋을 거야.

일기장에 쓰면 글씨체도 기록이 될 수 있지만, 앱에서는 글씨체를 마음껏 바꿀 수 있기도 하지.

---

### 생각 더하기

- 앱에 일기를 쓰면 짧은 시간 안에 빨리 쓸 수 있어서 더 자주 쓸 수 있다.
- 또 일기를 쓰면서 궁금한 것은 바로 검색해 볼 수 있다.

- 손으로 글씨를 쓰면 시간이 걸리기 때문에 더 깊이 생각하면서 일기를 쓸 수 있다.
- 글씨체도 기록이 된다. 학년별로 쓴 일기를 보면 글씨체의 변화를 보는 재미가 있다.

## 주장과 근거 쓰기

**주장** 일기는 일기장에 직접 손으로 쓰는 게 좋다고 생각한다.

**근거1** 왜냐하면 손으로 쓰면 천천히 생각하면서 쓰니까, 사고력을 키울 수 있기 때문이다.
- 장점 제시1

**근거2** 나중에 커서 내 일기장을 보면 어린 시절 글씨체가 어땠는지도 알 수 있다. - 장점 제시2

**근거3** 사실 앱에 일기를 쓰려고 스마트폰이나 컴퓨터를 켜면, 일기를 쓰다가 결국 게임을 하거나 영상을 보는 등, 다른 것을 하게 될 가능성이 높다.
- 반대 의견에 대한 반박

 일기장에 직접 손으로 일기를 썼을 때의 단점을 찾아 비교해 볼까? 일기장은 오랜 시간이 지나면 잃어버릴 수도 있지만, 앱에 쓴 일기는 잃어버릴 염려가 훨씬 덜하겠지?

  나만의 주장과 근거를 써 보자.

---

일기를 쓸 때 앱을 사용하는 게 좋을까, 종이 일기장에 직접 손으로 쓰는 게 좋을까?

**주장** _____

**근거1** _____
_____

**근거2** _____
_____

**근거3** _____
_____

# 주제 19 반별 단톡방 금지! 정말 필요한 걸까?

우리 반 친구들은 모두 단톡방을 만들어서 이야기를 나눠. 그런데 학교에서 단톡방을 금지한대.
이것에 대해 어떻게 생각해?

나는 반대야. 단톡방이 없으면 이 친구, 저 친구한테 전화해야 하고 귀찮아.

게시판

각 반의 단톡방 개설을 금지합니다.
- @@ 초등학교장 -

나는 찬성이야. 단톡방에 올라오는 이야기가 많아서 너무 신경 쓰여.

단톡방 금지에 찬성해. 단톡방의 대화 때문에 친구들끼리 다툼이 일어나는 일이 자주 있어. 차라리 없는 게 낫다고 생각해.

단톡방 금지에 반대해. 단톡방에서의 대화가 얼마나 재미있는데. 여러 가지 이야기도 들을 수 있고. 놀 시간도 부족한데 단톡방까지 금지하는 건 너무해!

## ★ 서윤쌤의 처방 쏙! ★★

단톡방에서 얘기해 본 경험이 있지? 어땠니? 네 느낌이나 경험을 생각해 봐도 좋고,
금지하는 이유에 대해 선생님 입장에서 좀 더 고민해 보는 것도 좋을 것 같아.

 **생각 더하기**

● 간혹 스마트폰이 없는 친구들은 단톡방에 참여할
수가 없다.
● 계속 단톡방 내용에 신경 쓰느라 공부에 집중할
수가 없다.

● 급하게 많은 친구에게 연락을 해야 할 때
단톡방으로 알리면 빠르게 알릴 수 있다.
● 단톡방은 친구들과 친해지고 함께 놀 수 있는 중요한
공간이다.

# 주장과 근거 쓰기

**주장** 반별 단톡방은 금지하는 게 맞다고 생각한다.

**근거1** 첫째, 단톡방 때문에 생기는 친구 간의 갈등이 너무 많다. - 문제점 제시1

**근거2** 둘째, 스마트폰이 없는 친구들도 있는데, 그 친구들은 단톡방 때문에
소외감을 느낀다. - 문제점 제시2

**근거3** 셋째, 단톡방에 내 사진을 올렸는데, 친구가 내 사진을 웃기게 꾸며서
다른 친구한테 보냈던 안 좋은 경험이 있다. - 직접 경험

 단톡방 금지에 찬성하는 입장에서, 단톡방의 현실적인 문제점을 잘 내세웠구나.
만약 단톡방 금지에 반대한다면, 너는 단톡방의 어떤 장점을 강조하고 싶니?

 나만의 주장과 근거를 써 보자.

반별 단톡방 금지! 정말 필요한 걸까?

**주장** _____

**근거1** _____

_____

**근거2** _____

우리반 단톡방
👤 28

_____

**근거3** _____

_____

# 주제 20 꼭 필요한 물건만 사야 할까?

문구점에 색연필을 사러 갔는데, 옆에 정말 예쁜 지우개가 있는 거야. 지우개가 집에 많긴 하지만
예뻐서 꼭 사고 싶어. 어떡하지?

우리 말랑이 좀 봐 줄래?
정말 귀엽지 않아?

아무 쓸모도 없는 인형을
또 산 거야? 이렇게나
많은데?

우리 아가들이 섭섭해할 거
야. 쓸모가 왜 없어? 나를 이
렇게 행복하게 해 주는데!

꼭 필요한 물건만 사는 게 좋아.
물건을 사는 데는 돈이 들잖아.
그러니까 쓸모 있는 물건만
사고 돈을 아끼는 것이 좋아.

나를 행복하게 하는 물건은
꼭 사고 싶어!
다른 사람에게는 쓸모없어 보이는
물건도, 나에게는 큰 행복을 줄 수
있어. 그러면 그게 바로 쓸모야.

## ★ 서윤쌤의 처방 쓱! ★★

'쓸모'라는 것은 사람마다 생각하는 기준이 다를 수 있기 때문에, '쓸모'로 장단점을 이야기하니
조금 애매한 것 같네. 근거의 범위를 좀 더 넓혀서 구체적으로 생각해 보면 어떨까?

 생각 더하기

- 물건을 너무 많이 사면, 그만큼 버려지는 물건도
  많아서 환경이 오염된다.
- 사 놓고 안 쓰는 물건들이 쌓이면 정리가 잘 안 된다.

- 나를 행복하게 하는 물건을 사면 스트레스가 풀린다.
- 여행 기념품 같은 물건은 평소에는 딱히 쓸모없어
  보이지만, 추억을 떠올릴 수 있어서 좋다.

## 주장과 근거 쓰기

**주장** 나를 행복하게 하는 물건은 사도 된다.

**근거1** 왜냐하면 물건을 사서 기분이 좋아지면, 공부나 다른 일을 할 에너지가 생기기 때문이다.
- 장점 제시1

**근거2** 그리고 인형을 모으다 보면, 예쁜 것을 고르는 눈도 생기고 커서 인형을 디자인하는
일을 할 수도 있다. - 장점 제시2

**근거3** 또 가족 여행으로 갔던 제주도에서 감귤 인형을 샀는데, 우리 가족 모두
그 인형을 볼 때마다 행복했던 여행 추억을 떠올리곤 한다. - 직접 경험

 물건을 사서 단순히 기분 좋아진다고 하는 주관적인 의견만 있으면 근거로 부족해 보이지만,
그로 인해 일어난 장점을 짚어 주니까 근거에 설득력이 생기네.

 나만의 주장과 근거를 써 보자.

꼭 필요한 물건만 사야 할까?

**주장** _____

**근거1** _____
_____

**근거2** _____
_____

**근거3** _____
_____

주장과
근거 쓰기2

동화 논술

두루미의
복수는 옳지 않아!

두루미의
행동은 옳아!

여러분은 전래 동화나 명작 동화를 읽으며
"이건 조금 이상한데?"라고 생각해 본 적 있나요?
동화를 소재로 새로운 시각에서 생각해 보고, 자신의 주장과 근거를
펼쳐보는 건 아주 흥미로운 논술 연습이에요.
친숙한 이야기지만 새로운 관점에서 고민하며 가치관도
키울 수 있답니다. 이렇게 동화책을 더 재미있게 읽으며
여러분의 생각 주머니도 쑥쑥 자라날 거예요!

# 주제 21 낮잠 자는 토끼를 그냥 두고 달린 거북은 진짜 승자일까?

<토끼와 거북> 정정당당한 승부란 어떤 것일까? 토끼와 거북이의 경주, 진짜 이긴 건 누구일까?

깜빡 잠들었을 뿐인데, 치사하게 혼자 갑니까? 이건 정정당당한 승부가 아니라고요.

승부의 세계는 냉정하니까요. 경기에 집중해야지, 잠을 자다니요. 쯧쯧.

내가 승자야.
달리기는 결승선에 먼저 들어온 사람이 이기는 게임이야. 당연히 꾸준히 달려서 결승선을 먼저 통과한 내가 진짜 승자지.

진짜 승자는 네가 아니야.
너는 사실 빠르지 않아. 단지 운이 좋았을 뿐이야. 그러니까 진짜 빠른 승자는 나야.

## ★ 서윤쌤의 처방 쏙! ★★

반대 의견을 반박하고, 문제점까지 제시한 건 아주 좋아.

다만, '승자'의 정의를 정확하게 짚어 주었다면 주장의 완결성이 더 높아졌을 것 같아.

### 생각 더하기

- '천 리 길도 한 걸음부터'라는 속담이 있다. 거북은 인내심을 가지고 꾸준히 달린 결과, 승리했다.
- 토끼가 게으름을 피워서 잔 것이니, 토끼는 경기에 진 것이다.

- 경쟁은 공정해야 한다. 토끼가 자고 있으면 깨워서 경기를 해야 공정한 경기가 된다.
- 상대방의 실수로 어쩌다 우승한 것은 진짜 이긴 게 아니다.

## 주장과 근거 쓰기

**주장** 거북이가 진짜 승자이다.

**근거1** 첫째, 무슨 이유가 되었든 먼저 들어온 동물은 거북이다. - 객관적 사실

**근거2** 둘째, 거북은 빠르지는 않지만 꾸준히 열심히 달려서 승리했다. - 주관적인 의견

**근거3** 셋째, 같은 조건에서 경기가 이루어지지 않았다고 하는데 시작점도 경주하는 길도 같았기 때문에 같은 조건의 경기라고 할 수 있다. - 반대 의견에 대한 반박

누구나 인정할 만한 객관적인 사실 자체가 근거가 될 수 있지.
그 점을 제대로 짚어 주었네. 반대 의견에 대한 반박도 주장에 도움이 되었어.

나만의 주장과 근거를 써 보자.

낮잠 자는 토끼를 그냥 두고 달린 거북은 진짜 승자일까?

**주장** _____

**근거1** _____

_____

**근거2** _____

_____

**근거3** _____

_____

# 쭈제 22 아기 돼지 삼 형제의 집 중에서 어떤 집이 제일 좋다고 생각해?

〈아기 돼지 삼형제〉이야기를 보면, 셋째 돼지가 지은 벽돌집이 무조건 좋다면서 이야기가 끝나는데
과연 그럴까? 지금 네가 집을 짓는다면 어떤 방법으로 집을 지을래?

나무 냄새가 정말 좋아. 이걸로 집을 짓자!

뭐? 너 〈아기 돼지 삼형제〉도 안 읽어 봤어? 벽돌집을 지어야 늑대로부터 안전해!

언제 나타날지 모르는 늑대 때문에 벽돌집을 짓자고? 나는 나무집에서 살고 싶어!

나무로 짓는 게 가장 좋은 방법이야. 시간도 비용도 벽돌집에 비해 적게 들어.

벽돌로 집을 짓는 게 가장 좋은 방법이야. 늑대의 입 바람을 막을 수 있어.

## ★ 서윤쌤의 처방 쏙! ★★

단순히 재료만 놓고 생각하는 것보다는 집을 지을 때 어떤 점을 고려해서 지어야 할지를
먼저 고민하는 게 좋아. 중요하게 생각하는 기준에 따라 선택하는 재료도 달라질 거야.

 **생각 더하기**

- 신문 기사에서 편백나무는 건강에 좋다고 했다.
- 나무집은 벽돌집에 비해 고치기도 쉽다.

- 벽돌집은 추위를 잘 막아 주어 겨울에도 따뜻하다.
- 벽돌집은 늑대, 추위뿐 아니라 태풍 같은 자연재해도 잘 막아 준다.

## 주장과 근거 쓰기

**주장** 나무로 지은 집이 가장 좋다고 생각한다.

**근거1** 왜냐하면 벽돌은 만들고 운반하는 데 많은 비용과 시간이 드는데, 나무집은 벽돌집보다 비용도 시간도 적게 들기 때문이다. - 일반적인 지식

**근거2** 또한 신문 기사에서 보면 편백나무는 건강에도 좋다고 했다. - 기사 인용

**근거3** 게다가 나는 나무 냄새와 느낌을 아주 좋아한다. - 주관적인 의견

 아하! 벽돌집은 비용과 시간이 많이 든다는 단점이 있었구나. 모두가 좋다고 하지만 기준에 따라 단점이 되기도 해. 미처 생각하지 못했던 부분을 찾아내었네.

 나만의 주장과 근거를 써 보자.

아기 돼지 삼 형제의 집 중에서 어떤 집이 제일 좋다고 생각해?

**주장** _____

**근거1** _____

_____

**근거2** _____

_____

**근거3** _____

_____

# 주제 23 베짱이는 진짜 게으른 게 맞을까?

<개미와 베짱이> 여름 동안 개미는 열심히 일하고 베짱이는 연주만 했어. 그래서 겨울에 개미는 따뜻하게 지내지만,
베짱이는 먹을 것이 없어 굶주리게 돼. 다들 베짱이를 게으르다고 말하는데, 너는 어떻게 생각해?

## ★ 서윤쌤의 처방 쏙! ★★

베짱이가 겨울 준비를 못 한 것은 사실이야. 그게 게으름의 결과인 것인지는 따져 볼 필요가 있지.
그런 관점으로 근거를 생각해 봐.

 **생각 더하기**

- 여름에 연주를 하기보다는 겨울을 대비했어야 했다.
- 베짱이는 잘하는 것을 했다고 하지만 그건 단순히 자기가 좋아서 한 거지 일을 한 건 아니다. 개미도 일이 좋아서 한 건 아니다.

- 여름에 연주를 했다는 것은 베짱이가 아무것도 하지 않을 정도로 게으르지는 않은 것이라고 생각한다.
- 베짱이가 열심히 연주를 했기 때문에 개미들도 더 즐겁게 일했을 것이다.

## 주장과 근거 쓰기

**주장** 베짱이는 게으른 것이 아니다.

**근거1** 왜냐하면 여름에는 먹을 게 많았기 때문에 식량이 부족할 거라는 생각을 못 한 것이다.
계획을 못 한 것이지 게으른 건 아니다. - 주관적인 의견1

**근거2** 실제로 베짱이가 열심히 음악 연주를 했기 때문에 개미도 일을
즐겁게 했을 것이다. - 주관적인 의견2

**근거3** 말하자면 베짱이는 잘하는 것을 열심히 했을 뿐, 게을러서 아무것도
안 한 것은 아니다. - 주관적인 의견3

 한 번도 생각해 본 적 없는 베짱이의 입장과 상황에 대해서 여러 가지 근거를 들어 잘 설명했네.
베짱이도 개미도 그저 자기 할 일을 열심히 했을 뿐일까? 더 깊이 생각해 보자.

 나만의 주장과 근거를 써 보자.

베짱이는 진짜 게으른 게 맞을까?

**주장** _____

**근거1** _____
_____

**근거2** _____
_____

**근거3** _____
_____

| 동화 논술 |

# 쭈제 24 흥부는 어떤 사람일까?

〈흥부와 놀부〉 흥부와 놀부 형제에 대해 알고 있지? 동생 흥부는 가난하지만 착하고, 형 놀부는 부자지만 욕심이 많은 인물로 알려져 있어. 그런데 한편으로는 흥부가 착한 것과는 별개로 게으른 사람이라고 얘기하는 사람도 있어.

놀부, 돈을 빌리러 온 동생에게 밥 푸던 주걱으로 때렸다는 게 사실입니까?

흥부, 사실 열심히 일한 적이 없다는데 사실입니까?

그럼 매번 밥 달라, 돈 달라, 찾아오는 게 말이 됩니까?

그게 뭐 일이라는 게 제 뜻대로 되는 건 아니라서요.

흥부는 게으른 사람이야. 열심히 일을 해서 돈을 벌 생각은 안 하고 매번 형님을 찾아갔잖아.

흥부는 착한 사람이지. 제비의 다리를 고쳐 주었잖아.

 ★ 서윤쌤의 처방 쏙! ★★

'착하다'는 건 뭘까? 그저 착하다고만 알려진 흥부에 대해서 다른 시각으로 바라보면 재미있을 것 같아. 과연 흥부는 착하면서 게으른 걸까? 흥부의 성격 중 가장 두드러진 건 무엇일까?

### 생각 더하기

● 흥부는 스스로 일하지 않고, 늘 놀부 형에게 밥과 돈을 빌리려고만 했다.
● 제비가 흥부의 집을 찾아온 것은 단순히 운이 좋았던 것이다.

● 흥부가 착하니까 놀부의 구박에도 형과 잘 지내려고 노력한 것이다.
● 흥부의 착한 마음 때문에 제비 다리를 고쳐 주었고, 그 덕에 금은보화를 얻게 되었다.

# 주장과 근거 쓰기

**주장** 흥부는 게으른 사람이다.

**근거1** 왜냐하면 '게으르다'는 것은 행동이 느리거나 일하기 싫어하는 성미를 말하는데, 흥부는 게을러서 일을 하지 않았기 <u>때문이다.</u> - 문제점 제시

**근거2** 따라서 흥부가 어떻게든 일을 해서 돈을 벌 생각은 하지 않고 형인 놀부에게 가서 밥을 얻어먹을 생각만 한 것이니까, 착한 것이 아니다. - 반대 의견에 대한 반박

**근거3** <u>또한</u> 다들 흥부가 착해서 복을 받았다는데, 제비가 흥부의 집으로 온 것은 그저 운이 좋았던 것이다. 그것이 게으르지 않다는 의미는 아니다. - 주관적인 의견

 '흥부는 착하다'라는 내용에 대한 반박 주장과 근거가 인상적이야. 거기에 더한 주관적인 의견도 신선한 관점이라 설득력이 있어.

 나만의 주장과 근거를 써 보자.

흥부는 어떤 사람일까?

**주장** _____

**근거1** _____

_____

**근거2** _____

_____

**근거3** _____

_____

# 주제 25  심청이는 정말 효녀일까?

<심청전> 심청이는 아버지의 눈을 뜨게 하기 위해 인당수에 몸을 던졌어. 아버지를 위해 자신의 목숨까지
바친 심청이는 정말 효녀일까?

아버지 부디
눈을 뜨시어요.

정말 효녀야.
대단하구먼.

심청아, 안 된다. 내가
너 없이 눈을 뜨는 게 다
무슨 소용이란 말이냐.

심청이는 효녀야.
자신의 목숨보다는 아버지의
고통을 덜어 주기 위해
행동한 거잖아.

심청이는 효녀가 아니야.
아버지가 심청이의 죽음을 알게
되면 얼마나 슬프겠어. 게다가
아버지 눈을 뜨게 하기 위해
목숨을 바쳤다고 하면 더욱 속상하실
거야. 그러니 효녀가 아니야.

## ★ 서윤쌤의 처방 쏙! ★★

'효도'의 의미를 먼저 살펴봐야 할 것 같아. 부모님을 위해 무엇이든 하는 것이 정말 효도일까?

진정한 효도에 대해 나만의 의견을 잘 정리해 봐.

 **생각 더하기**

- 심청이는 갓난아기 때부터 자신을 어렵게 키운
  아버지를 위해 효도를 행한 것이다.
- 심청이는 효녀라서 눈을 뜨고 싶어 하는 아버지의
  소원을 들어 드렸다.

- 아버지가 눈을 뜨고 싶어 한 이유도 심청이를
  위해서였다. 심청이가 없으면 눈을 떠도 소용이 없다.
- 부모라면 대부분 자식이 자신을 위해 희생하는 것을
  바라지 않는다.

## 주장과 근거 쓰기

**주장** 심청이는 효녀가 아니다.

**근거1** <u>왜냐하면 진짜 효는 부모님이 물려주신 자신의 몸을 소중하게 여기는 것이라고 생각하기 때문이다.</u> - 주관적인 의견1

**근거2** 과연 아버지가 눈을 떴는데, 딸이 죽었다는 것을 알면 행복할까?
- 문제점 제시

**근거3** <u>아무리 아버지를 위해서 한 행동이었더라도, 목숨을 바치는 일인데 혼자 마음대로 판단해서 행동하면 안 되는 거였다.</u> - 주관적인 의견2

 '효도'의 의미는 사람마다 다르니 주관적인 의견일 수밖에 없어.
문제점을 제시한 건 적절했어. 자신의 의견을 강조하는 역할을 하지.

 나만의 주장과 근거를 써 보자.

---

심청이는 정말 효녀일까?

**주장** _____

**근거1** _____

_____

**근거2** _____

_____

**근거3** _____

_____

---

# 주제 26 잭이 거인의 물건을 가져오지 않고 성공할 방법은 없었을까?

〈잭과 콩나무〉 잭이 소를 팔아 얻은 콩을 심자, 콩나무가 하늘까지 자라지. 콩나무를 타고 올라간 잭은 거인의 물건들을 갖고 와. 잭이 거인의 물건을 가져오지 않고 이 콩나무를 조금 다르게 이용할 방법은 없었을까?

잠깐! 내가 지금 도둑질을 한 거야? 맙소사.

도둑질은 나쁜 짓이잖아. 아무리 가난해도 나쁜 짓을 할 수는 없어! 다른 방법도 분명 있을 거야!

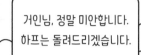

네 이놈, 거기 서라!

거인님, 정말 미안합니다. 하프는 돌려드리겠습니다.

잭은 남의 물건을 훔치지 않고 잘 살 수 있는 방법을 생각해야 했어. 사람들에게 '콩나무 오르기'를 하게 하고 돈을 받을 수도 있잖아.

잭은 거인과 이야기를 잘 나눠서 돈을 벌 수도 있었어! 거인과 먼저 친해지는 방법을 생각했어야 해.

## ★ 서윤쌤의 처방 쏙! ★★

늘 정해진 내용에서 벗어나 새로운 생각을 해 보는 거야.

잭이 콩나무와 거인을 이용해서 돈을 벌 수 있는 방법은 뭐가 있을까?

 **생각 더하기**

- 거인에게 하프를 빌려 와서 사람들에게 하프 연주를 들려주며 돈을 벌 수 있다.
- 콩으로 요리를 해서 콩 요리 식당을 열 수 있다.

- 거인이 혼자 지내는 것이 외로울 수 있으니, 땅으로 내려와 함께 놀 수 있는 기회를 주고 거인에게 돈을 받는다.
- 거인의 집에 가서 일을 하고 돈을 벌 수 있다.

## 주장과 근거 쓰기

**주장** 잭은 거인의 물건을 훔치지 않고 잘살 방법을 생각했어야 했다.

**근거1** 첫째, 거인을 잘 설득해서 거인에게 하프를 빌려 와서 사람들에게 하프 연주를 들려주고 돈을 벌 수 있었다. - 새로운 제안1

**근거2** 둘째, 사람들은 콩나무를 타고 올라가서 높은 곳을 구경하고 싶을 것이다. 사람들이 콩나무를 타고 올라가서 거인이 사는 곳을 구경할 수 있는 '콩나무 여행사'를 차리면 된다. 돈을 벌어 거인과 나눠 가질 수 있다. - 새로운 제안2

**근거3** 셋째, 콩나무에 열린 콩을 팔거나 콩으로 요리하는 식당을 차릴 수 있다. - 새로운 제안3

'콩나무 여행사'라니, 재미있겠는걸! 잭이 처한 환경과 우리가 가진 아이디어를 합치면 더 좋은 생각을 할 수 있을 거야.

  나만의 주장과 근거를 써 보자.

잭이 거인의 물건을 가져오지 않고 성공할 방법은 없었을까?

**주장** _____

**근거1** _____
_____

**근거2** _____
_____

**근거3** _____
_____

# 주제 27 신데렐라를 보고 첫눈에 사랑에 빠진 왕자님, 과연 진짜 사랑한 걸까?

<신데렐라> 마법의 도움으로 신데렐라는 왕자님이 있는 무도회에 가게 되었어. 왕자님은 신데렐라를 보고 반했지. 첫눈에 사랑에 빠졌다는 왕자님, 이게 진짜 사랑일까?

## ★ 서윤쌤의 처방 쏙! ★★

사랑이냐 아니냐를 논리적으로 설명하기는 쉽지 않겠지만, 왕자님의 행동에 대해 나만의 방식으로 설명할 수 있다면 설득력을 얻을 수 있지 않을까?

 **생각 더하기**

● 첫눈에 좋아하게 된 것은 그만큼 많이 좋아한다는 것이다.

● 예뻐서 산 인형을 지금도 많이 아끼고 있다. 첫눈에 예뻐서 샀지만, 지금도 많이 좋아하니 사랑이 맞다.

● 왕자님은 신데렐라에 대해 잘 알지 못하니까 진짜 사랑은 아니라고 생각한다.

● 진짜 사랑은 상대방의 외모뿐만 아니라 그 사람의 내면을 이해하고 존중하는 것이라고 생각한다.

## 주장과 근거 쓰기

**주장** 왕자님이 신데렐라를 보고 한 번에 빠진 사랑은 진짜 사랑이 아니라고 생각한다.

**근거1** 왜냐하면 왕자님은 신데렐라에 대해 잘 모르면서 얼굴만 보고 사랑한다고 했기 때문이다.
  - 객관적인 사실

**근거2** 사실 사랑한다면 함께 많은 시간을 보내면서 서로를 잘 알아가는 것이 중요하다.
  - 주관적인 의견1

**근거3** 요컨대 사랑한다고 말만 하는 것이 아니라 그 뒤에 왕자님이 어떻게
행동하며 살았는지를 봐야 진짜 사랑인지 알 수 있다. - 주관적인 의견2

 '사랑'의 추상적인 의미를 논리적으로 설명하는 건 한계가 있어.
하지만 객관적인 사실을 통해 의견을 제시하니 공감 가는 부분이 있는걸.

 나만의 주장과 근거를 써 보자.

신데렐라를 보고 첫눈에 사랑에 빠진 왕자님, 과연 진짜 사랑한 걸까?

**주장** _____

**근거1** _____
_____

**근거2** _____
_____

**근거3** _____
_____

## 주제 28 자린고비처럼 돈을 아끼는 게 좋은 걸까?

〈자린고비〉 인색하기로는 둘째가라면 서러운, 자린고비라는 별명의 양반이 살았대. 굴비를 사도 천장에
걸어 놓고 쳐다만 봤다지 뭐야. 자린고비처럼 돈을 아끼기만 하는 게 정말 좋은 걸까?

## ★ 서윤쌤의 처방 쏙! ★★

자린고비의 절약 방법에 대해서는 의견이 나뉠 수밖에 없어. 자신의 주장에 설득력을 더하기
위해서 어떠한 근거가 필요할지 생각해 봐.

 생각 더하기

● 돈을 아껴서 꼭 필요한 곳에만 쓰고 더 큰돈을
모은다면, 나중에 중요한 곳에 쓸 수 있다.
● 절약은 자신뿐만 아니라 가족을 위해서도 필요하다.

● 돈을 아끼기만 하다 보면 삶의 즐거움을 찾기 어렵다.
● 돈을 아끼기만 하는 것보다는, 투자를 하거나 물건을 싸
게 사서 비싸게 파는 등, 더 큰돈으로 만드는 방법을
공부해야 한다.

## 주장과 근거 쓰기

**주장** 자린고비처럼 돈을 아끼는 것은 좋은 것이라고 생각한다.

**근거1** 첫째, '티끌 모아 태산'이라는 속담이 있듯이, 적은 돈도 모으면 큰돈이 된다. - 속담 인용

**근거2** 둘째, 자린고비처럼 돈을 아껴야 큰돈을 모을 수 있고, 중요하게 돈 쓸 일이 생겼을 때를 대비할 수 있다. - 주관적인 의견1

**근거3** 셋째, 자린고비가 돈을 아끼는 것은 자신만을 위한 것이 아니라 결과적으로 가족의 미래를 위한 것이다. - 주관적인 의견2

 속담을 인용해서 절약의 이유와 효과에 대해 잘 설명했구나.
아껴 써야 한다고 막연하게 주장하기만 하는 것보다 구체적으로 근거를 드니 훨씬 좋네.

 나만의 주장과 근거를 써 보자.

자린고비처럼 돈을 아끼는 게 좋은 걸까?

**주장** _____

**근거1** _____
_____

**근거2** _____
_____

**근거3** _____
_____

| 동화 논술 |

# 주제 29 인어공주가 왕자님과 사랑할 수 있는 방법은 없었을까?

〈인어공주〉 안데르센 동화에서 인어공주는 다른 공주와 결혼한 왕자님을 칼로 찔러야만 자신의 목숨을 구할 수 있었어. 하지만 인어공주는 왕자를 죽이지 못해서 물거품이 되고 말지. 인어공주에게 다른 선택은 없었을까?

나는 왕자님을 사랑했기 때문에 다른 방법이 없었어. 내가 살기 위해 사랑하는 왕자님을 찌를 수는 없기 때문이야.

인어공주가 죽지 않고 왕자님과 사랑할 수 있는 방법이 있었다고 생각해. 왕자님을 구한 건 다른 여자가 아니라 너였다고 사실을 알리면 되잖아.

## ★ 서윤쌤의 처방 쏙! ★★

인어공주가 목소리를 잃지 않았으면 어땠을까? 다리를 얻은 뒤에도 왕자님에게 적극적으로 행동했으면 어땠을까? 여러 가정을 해 봐.

 **생각 더하기**

● 인어공주가 목소리를 잃은 상황에서는 왕자와 소통하기가 어려웠다.

● 왕자님이 다른 공주를 사랑한다고 해서 인어공주의 사랑이 변한 것은 아니다.

● 인어공주는 목소리와 다리를 굳이 바꾸지 말고 아름다운 목소리로 왕자님을 유혹했어야 한다.

● 인어공주가 목소리를 잃은 뒤에는, 왕자님을 구한 건 자기였다는 것을 편지라도 써서 알렸어야 한다.

## 주장과 근거 쓰기

**주장** 인어공주가 죽지 않고 왕자님과 사랑할 수 있는 방법을 찾을 수 있었다고 생각한다.

**근거1** 첫째, 인어공주가 다리를 얻기보다는 아름다운 목소리로 매일 밤 왕자님에게 노래를 불러 주면 왕자님이 목소리에 호기심을 가졌을 것이다. - 새로운 제안1

**근거2** 둘째, 왕자님에게 바닷속의 신비하고 아름다운 곳들을 보여 주면서 친해졌어야 한다. - 새로운 제안2

**근거3** 셋째, 인어공주가 다리를 얻고 목소리를 잃은 상황이라면, 왕자님을 구한 사람이 자신이라는 사실을 편지를 써서라도 적극적으로 알려야 했다. - 새로운 제안3

 동화의 결말이 바뀌길 바라는 주장이다 보니,
기존 동화 내용을 바꾸는 새로운 제안들로 근거를 마련할 수밖에 없겠어. 참신한걸!

 나만의 주장과 근거를 써 보자.

인어공주가 왕자님과 사랑할 수 있는 방법은 없었을까?

**주장** _____

**근거1** _____
_____

**근거2** _____
_____

**근거3** _____
_____

| 동화 논술 |

# 주제 30 콩쥐처럼 착하게 살아야 할까?

〈콩쥐와 팥쥐〉 콩쥐는 착한 아이로 등장하고 그래서 복을 받게 돼.
그렇다면 우리도 복을 받기 위해 콩쥐처럼 착하게 살아야 할까?

콩쥐야, 걱정하지 마.
내가 도와줄게!

야! 황소. 이리 와서 이 밭
좀 갈아. 꾸물대지 말고!

정말 못됐어!

착하게 살면 복을 받으니까,
착하게 살아야 해.
내가 친절하게 대하면 다른
사람들도 나한테 친절하게
대하니 좋은 일이 생기는 거야.

착하게 살아서 꼭 복을 받는 건
아니니, 착하게 살지 않아도 돼.
내 주변에 보면 착하지 않은데
잘 사는 사람들도 있어.

## ★ 서윤쌤의 처방 쏙! ★★

주장하고자 하는 내용에 대해 실제로 겪거나 들어 본 적이 없다면, 인터넷이나 신문 등을 통해
사례 조사를 해 보는 것도 좋아.

###  생각 더하기

- 다른 사람들 모르게 착한 행동을 했는데 소문이 나서
  장사가 잘된 가게 사장님을 본 적이 있다.
- 법을 어기는 등, 나쁜 행동을 하면 벌을 받는다.

- 착하게 살아서 이용당하는 경우도 있다.
- 착하게 살지 않아도 별 나쁜 일 없이 잘 사는 사람들도
  많이 있다.

## 주장과 근거 쓰기

**주장** 콩쥐처럼 착하게 살아야 한다.

**근거1** 왜냐하면 착하게 행동해서 주변 사람들에게 좋은 인상을 남긴 덕에 내가 도움이
필요할 때 도움을 받았던 적이 있기 <u>때문이다.</u> - 직접 경험

**근거2** 또 남몰래 다른 사람들에게 기부하다가 그 사실이 알려져 장사가 잘되는
동네 가게의 경우를 볼 수 있다. - 주변 사례

**근거3** 반면 법을 어기는 나쁜 행동을 해서 벌을 받은 사람들을 뉴스에서
많이 보았다. - 뉴스나 기사 인용

직접 경험과 주변 사례에서 근거를 찾았구나. 거기에 뉴스 내용까지 덧붙여서 주장에 힘이 실렸어!

나만의 주장과 근거를 써 보자.

---

콩쥐처럼 착하게 살아야 할까?

**주장** _____

**근거1** _____

_____

**근거2** _____

_____

**근거3** _____

_____

안녕하세요| 동화 논술 |

## 주제 31 다른 새의 깃털로 치장해서 숲의 왕이 된 까마귀, 이건 잘못된 행동일까?

〈왕이 되고 싶은 까마귀〉 어느 날 신이 숲속에서 가장 아름다운 새를 왕으로 뽑기로 했어. 왕이 되고 싶었던 까마귀는 다른 새들의 깃털로 한껏 치장해서 왕이 되었지만 나중에 비난을 받았지. 이런 까마귀의 행동이 잘못된 걸까?

시커먼 까마귀가 다른 새들의 깃털을 주워 붙이고 왕이 되려고 했대.

어머, 정말?

다른 새들을 속이기까지 하고, 정말 한심해.

자기 깃털이 아니면 어때? 어차피 화려하기만 하면 왕이 될 수 있는 거잖아.

까마귀는 잘못된 행동을 했다고 생각해. 친구들을 속이는 행동이었기 때문이야.

까마귀의 행동이 잘못되지 않았다고 생각해. 까마귀는 창의적으로 문제를 해결했을 뿐이야.

## ★ 서윤쌤의 처방 쏙! ★★

까마귀의 행동에 대한 판단이 먼저 필요할 것 같아.

까마귀는 신의 지시에 따른 걸까, 아니면 친구들을 속인 걸까?

 생각 더하기

- 까마귀는 까만 깃털을 부끄러워하지 않는 자신의 모습으로 왕이 되려고 노력했어야 한다.
- 혼자만 다른 깃털을 붙이는 것은 다른 동물들과의 공정한 경쟁이 아니다.

- 신이 겉모습을 보고 왕을 뽑았으니, 까마귀는 그 기준에 맞추려고 노력한 것이다.
- 어울리는 옷을 입고 예쁘게 화장해서 예뻐 보이는 것도 능력이듯, 치장할 줄 아는 것도 까마귀의 능력이다.

76

# 주장과 근거 쓰기

**주장** 까마귀의 행동은 잘못되지 않았다고 생각한다.

**근거1** 왜냐하면 까마귀는 왕이 되고 싶었던 것뿐이고, 자기만의 창의적인 방법을 생각한 것이기 때문이다. - 주관적인 의견1

**근거2** 더구나 신이 겉모습을 보고 왕을 뽑았으니, 까마귀는 그 상황에 맞추어 똑똑하게 겉모습을 꾸민 것이다. - 객관적인 사실

**근거3** 무엇보다도 다른 새의 깃털로 자신을 돋보이게 치장해서 왕으로부터 인정을 받는 것도 까마귀의 능력이다. - 주관적인 의견2

객관적인 사실에 '똑똑하다'는 개인의 판단이 들어가긴 했지만, 까마귀의 행동에 대해 주장에 맞게 근거를 잘 썼네. 주관적인 의견들도 신선하고 재미있어.

나만의 주장과 근거를 써 보자.

---

다른 새들의 깃털로 치장해서 숲의 왕이 된 까마귀, 이건 잘못된 행동일까?

**주장** _____

**근거1** _____
_____

**근거2** _____
_____

**근거3** _____
_____

# 주제 32 여우에게 복수한 두루미의 행동은 옳을까?

<여우와 두루미> 두루미를 초대해 놓고 넓은 접시에 담긴 수프를 대접한 여우. 그런 여우에게 호리병에 음식을 담아 내놓은 두루미. 여우의 행동도 나쁘지만, 두루미도 여우처럼 똑같이 행동해야 했을까?

헤헤, 아까운 수프를 줄 순 없지. 어디 먹을 수 있으면 먹어 봐라.

오늘은 우리 집에 초대할게요. 맛있는 음식 잔뜩 차렸으니 꼭 오세요. 호호.

흥! 못된 여우 녀석. 너도 고생 좀 해 봐라.

두루미의 행동은 옳지 않아. 여우에게 좋게 말로 설명할 수도 있었잖아.

두루미의 행동은 옳아. 똑같이 겪어 봐야 여우가 자신의 행동이 잘못되었단 사실을 알지.

## ★ 서윤쌤의 처방 쏙! ★★

<여우와 두루미>는 이솝 우화 중 하나야. 이솝 우화에는 토론해 볼 내용들이 많지.
이번에는 어울리는 속담을 찾아보거나 주위의 사례들을 근거로 삼아 볼까?

###  생각 더하기

● 나쁜 행동을 그대로 돌려주는 건 자신도 똑같은 사람이 되는 것이다.
● 복수로 문제를 해결하려다가 오히려 사이가 멀어지는 경우도 있다.

● '가는 말이 고와야 오는 말이 곱다'라는 속담도 있다.
● 친구가 놀려서 놀리지 말라고 말로 했을 때는 멈추지 않다가, 내가 똑같이 놀리니까 그제서야 친구가 놀리는 것을 멈추었던 경험이 있다.

## 주장과 근거 쓰기

주장 두루미의 행동은 옳지 않다.

근거1 왜냐하면 친구가 때린다고 나도 때리면 나도 똑같이 나쁜 사람이 되는 것이기 때문이다.
- 주관적인 의견

근거2 실제로 친구에게 복수해서 문제를 해결하려다가 문제가 해결되기는커녕
문제가 더 악화되는 경우를 뉴스나 기사에서 보았다. - 뉴스나 기사 인용

근거3 그러므로 두루미는 여우에게 자기의 마음을 잘 설명해서 여우가 잘못을
깨닫게 할 수 있었다고 생각한다. - 해결책 제시

주관적인 의견을 강조하기 위해, 기사의 내용을 끌어오고 해결책까지 제시한 것이 인상적이야.

 나만의 주장과 근거를 써 보자.

여우에게 복수한 두루미의 행동은 옳을까?

주장 _____

근거1 _____

_____

근거2 _____

_____

근거3 _____

_____

# 주제 33 자라는 충신일까, 아닐까?

〈토끼전〉 용왕님의 병을 낫게 하기 위해 자라는 앞장서서 토끼의 간을 구하러 떠나. 우여곡절 끝에 토끼를 용궁으로 데려오지만, 결국엔 놓치고 말지. 이런 자라를 두고 충신이다, 거짓말쟁이다 말하는데, 너는 어떻게 생각해?

자라가 안타깝게도 토끼를 놓쳤다며?

자라는 정말 충신 중의 충신이지 뭐야. 대단해.

그러게. 용궁 구경시켜 준다고 잘 구슬려서 데려왔다던데 말이야.

토끼가 몸져 누웠다며?

용궁 녀석들도 너무하지, 어떻게 산 토끼한테 간을 내놓으래?

말이라고? 공짜 구경인 줄 알고 따라 나섰다가 죽을 뻔했다며.

생명을 우습게 여겨도 유분수지. 용왕이면 다야?

자라는 충신이 아니야. 자라는 토끼의 생명을 가볍게 생각하는 거짓말쟁이일 뿐이야.

맞어!

자라는 똑똑한 충신이야. 속임수는 용왕의 병을 고치기 위한 행동이었잖아.

## ★ 서윤쌤의 처방 쏙! ★★

토끼의 생명이 소중한 건 사실이지만, 질문은 자라가 충신인지 아닌지를 묻고 있어.

그러니 충신이든 아니든, 자라의 객관적인 행동을 내세워서 반대 의견에 대해

반박해야 설득력이 있어.

### 생각 더하기

- 자라가 충신이라면, 용왕에게 남의 생명을 하찮게 생각하는 것은 나쁜 것이라고 말했어야 한다.
- 자라는 자신의 공을 세울 욕심에 토끼의 간을 찾으러 나선 것뿐이다.

- 자라는 위험을 무릅쓰고 용왕을 위해 토끼의 간을 구해 오겠다고 스스로 나섰다.
- 토끼를 바다로 데려가기 위해 똑똑한 속임수를 쓴 것이다.

## 주장과 근거 쓰기

**주장** 자라는 충신이라고 생각한다.

**근거1** 왜냐하면 자라는 용왕의 병을 고치기 위해 스스로 나서서 토끼를 찾으러 갔기 때문이다.
- 객관적인 사실

**근거2** 게다가 토끼를 용왕에게 데려오기 위해 똑똑하게 속임수를 쓴 것뿐이다.
- 반대 의견에 대한 반박

**근거3** 사실 바다에 사는 자라가 토끼를 찾으러 육지로 가는 것은 목숨을 건 행동이다.
자라는 목숨까지 바치는 충신이 맞다. - 주관적인 의견

 자라가 충신이냐, 아니냐 하는 것은 관점에 따라 주장이 명확하게 나뉠 수밖에 없어.
자라의 행동에 의미를 부여해서 반대 의견에 반박하니 주장에 힘이 실리네.

 나만의 주장과 근거를 써 보자.

자라는 충신일까, 아닐까?

**주장** _____

**근거1** _____

_____

**근거2** _____

_____

**근거3** _____

_____

# 주제 34 나무꾼이 선녀의 날개옷을 숨긴 것은 진짜 사랑이었을까?

〈선녀와 나무꾼〉 나무꾼은 사슴을 구해 주고, 그 보답으로 사슴에게 선녀와 결혼할 수 있는 방법을 듣지. 사슴의 조언에 따라 나무꾼은 선녀의 날개옷을 숨기고 행복한 결혼 생활을 이어 갔지만, 나무꾼의 이런 행동이 과연 사랑일까?

사랑하는 선녀를 위해서 열심히 일해야지. 선녀를 행복하게 해 줄 거야.

나무꾼님 덕분에 행복해. 하지만 아빠와 언니들이 보고 싶어. 다들 잘 지내고 있을까?

사랑이 아니라고 생각해. 선녀는 자기 집도 못 가고 슬퍼했잖아.

사랑이라고 생각해. 어쨌든 결혼하고 아껴 주면서 잘 살았잖아.

## ★ 서윤쌤의 처방 쏙! ★★

나무꾼의 행동이 사랑이라고 주장하려면 선녀가 결혼해서 얻은 장점을 내세워야 해.
반대 의견이라면 나무꾼 행동의 문제점을 짚어 줘야겠지.

 생각 더하기

- 나무꾼은 선녀를 사랑해서가 아니라, 단지 선녀와 결혼하고 싶어서 날개옷을 숨긴 것이다.
- 사랑은 사랑하는 사람이 진짜 원하는 것을 해 주는 것이다.

- 선녀도 나무꾼과 아이를 낳고 행복한 시간을 보냈다.
- 나무꾼이 날개옷을 숨긴 것은 선녀와 함께하고 싶어서 한 행동이었다.

## 주장과 근거 쓰기

**주장** 나무꾼의 행동은 사랑이 아니라고 생각한다.

**근거1** 왜냐하면 나무꾼이 선녀의 날개옷을 숨긴 것은 선녀를 사랑해서라기보다 결혼이 하고 싶어서였던 것뿐이라고 보이기 때문이다. - 문제점 제시

**근거2** 더욱이 내가 만약 선녀라면 갑자기 날개옷이 없어지고 집에도 못 가게 되어서 너무 슬플 것 같다. - 주관적인 의견1

**근거3** 게다가 사랑한다면 사랑하는 사람이 원하는 것을 해 주는 것이라고 생각한다. - 주관적인 의견2

문제점을 먼저 짚어 주고 자신의 의견을 근거로 내세우는 건 좋은 방법이야.
다만 문제점으로 제시한 사항이 다른 사람들도 모두 공감할 수 있는 내용인지는 점검이 필요해.

나만의 주장과 근거를 써 보자.

나무꾼이 선녀의 날개옷을 숨긴 것은 진짜 사랑이었을까?

**주장** _____

**근거1** _____

_____

**근거2** _____

_____

**근거3** _____

_____

주장과
근거 쓰기3

상상 논술

주장과 근거를 연습하려면 재미있는 주제가 가장 중요합니다!
선생님은 가끔 "내게 마법의 힘이 있다면?",
"갑자기 세상에서 치킨이 다 사라진다면?" 같은
상상을 하곤 해요. 여러분도 이런 상상 속에서 기발한 아이디어를
떠올려 보세요. 그 생각을 주장과 근거로 표현하면,
논술 실력도 창의력도 함께 자라게 될 거예요.

서윤쌤 < 비법 처방

|상상 논술|

# 주제 35 가족 중 한 사람과 내 몸을 바꾼다면, 누구랑 바꾸고 싶어?

누군가와 몸을 바꿔 살아 볼 수 있다면 어떨까? 누나가 되어서 누나 간식을 다 먹어 버릴까?
아빠가 되어서 사고 싶은 걸 마음껏 사 볼까?

 ## 서윤쌤의 처방 쏙!

누군가와 바꿔 살아 보고 싶다고 생각해 본 적이 있다면, 그 이유를 근거로 쓰면 좋을 거야.

혹시 없었다면, 평소 부러웠던 사람이 누군지 떠올려 보고 그 사람에 대해 생각해 보렴.

 **생각 더하기**

● 엄마가 되어서 나에게 자유 시간을 많이 줄 것이다.

● 엄마가 커피를 엄청 맛있게 드시는데, 나도 마셔 보고 싶다.

● 아빠는 맨날 야근을 하시니까, 힘들어 보여서 바꾸고 싶지 않다.

● 동생은 나보다 키도 작고 힘도 약해서 몸을 바꾸면 불편할 것 같다.

## 주장과 근거 쓰기

**주장** 나는 엄마와 몸을 바꾸어 살아 보고 싶다.

**근거1** 왜냐하면 엄마는 회사도 다니시고 집안일도 하시고 바쁘신데 얼마나 힘드신지 경험해 보고 싶기 때문이다. 그래야 엄마의 마음도 이해할 수 있을 거라고 생각한다. - 주관적인 의견1

**근거2** 그리고 엄마처럼 커피도 마셔 보고 싶다. - 주관적인 의견2

**근거3** 특히 엄마가 되어서 나의 공부 시간을 줄일 것이다. 지금은 공부 시간이 너무 긴데 엄마께서 안 줄여 주시기 때문이다. - 주관적인 의견3

 엄마가 되어서 하고 싶은 것들이 많구나. 다른 사람이 되어서 내가 하고 싶은 것, 하기 싫은 것을 정리해 보자.

 나만의 주장과 근거를 써 보자.

가족 중 한 사람과 내 몸을 바꾼다면, 누구랑 바꾸고 싶어?

**주장** _____

**근거1** _____

_____

**근거2** _____

_____

**근거3** _____

_____

|상상 논술|

# 주제 36 내가 게으르지 않다고 설득하려면 어떻게 해야 할까?

내가 게으르지 않다는 걸 어떻게 설득할 수 있을까? 설명하지 못하면 감옥에 갈 수도 있대!

뉴스 속보입니다.

오늘부터 '게으르다'라는 말을 듣는 사람은 감옥에 보내겠다는 정부 발표가 있었습니다. 이는 많은 초등학생들이….

쟤가 쟤가 또 숙제 안 하고 게으름 피우고 있네.

게으른 초등학생 바로 체포합니다.

으악! 엄마. 게으르다고 한 거 빨리 취소해요, 얼른!

나는 게으르지 않아. 얼마 전부터 피아노를 배우기 시작했는데, 수업에 빠지지 않고 열심히 하고 있어.

나는 게으르지 않아. 매일 학교에 가잖아. 하루도 빠지지 않고 학교에 가는 일은 쉬운 일이 아니라고.

## ★ 서윤쌤의 처방 쏙! ★★

내가 게으름을 피우지 않고 지속적으로 하고 있는 일들을 찾아봐. 그리고 다른 사람들도 동의할 수 있도록 내가 한결같이 하고 있는 일들을 떠올려 근거로 만들어 주면 돼.

### 생각 더하기

- 건강을 위해서 1년째 열심히 태권도를 배우고 있다.
- 나는 바쁜 아침에도 매일 샤워를 한다.

- 무척 어렵고 힘들지만 매일 30분씩 성실히 수학 문제집을 풀고 있다.
- 매일은 아니더라도 꾸준히 책도 읽고 있다.

## 주장과 근거 쓰기

**주장** 나는 게으르지 않다.

**근거1** 첫째, 나는 매일 학교에 간다. 결석도 안 하고 학교에 간다는 것이 게으르지 않다는 증거이다. - 직접 경험1

**근거2** 둘째, 수학 문제집을 매일 푼다. 사실 안 해도 뭐라고 하는 사람은 없지만, 나의 수학 실력을 위해 매일 풀고 있다. - 직접 경험2

**근거3** 셋째, 매일은 아니지만 책도 꾸준히 읽고 있다. 책 읽는 게 좋아서 읽는 거지만, 게으르다면 꾸준히 할 수 없다고 생각한다. - 직접 경험3

 다른 사람들이 나의 주장에 동의하게 하려면 누구라도 들으면 고개를 끄덕일 수 있는 근거를 마련해야겠지?
게으르지 않다는 것을 보여 주는 근거를 직접 경험 속에서 찾아낸 부분이 좋았어.
구체적인 양이나 횟수 등을 적으면 더 설득력이 있지 않을까?

  나만의 주장과 근거를 써 보자.

내가 게으르지 않다고 설득하려면 어떻게 해야 할까?

**주장** _____

**근거1** _____
_____

**근거2** _____
_____

**근거3** _____
_____

# 주제 37 '뚝딱' 원하는 물건이 나오는 자판기가 있다면, 무엇이 갖고 싶어?

내가 꼭 갖고 싶은 물건이 뚝딱 나오는 마법의 물건 자판기가 생겼어. 다만 물건을 얻으려면, 설득력 있는 이유를 말해야 해.

마법 자판기

> 울트라 슝슝 몬스터 카드를 가지고 싶어요. 이유는… 이유는….

> 삑- 시간 초과.

> 요즘 유행인 밀크 휴대폰 케이스를 가지고 싶어요. 휴대폰이 깨지지 않게 보호해 주어 오래 쓸 수 있기 때문이에요.

> 띠로링- 원하는 물건이 나왔습니다.

> 새 피아노를 갖고 싶어. 새 피아노 소리는 오래된 내 피아노 소리랑 다르게 맑고 투명해서 좋아.

> 인형을 갖고 싶어. 밤에 잘 때 무서워서 꼭 끌어안고 잘 수 있는 인형이 필요해.

## ★ 서윤쌤의 처방 쏙! ★★

막연히 갖고 싶다는 것은 근거가 되기 어렵지. 그 물건이 없어서 불편했던 점이나, 그 물건이 있을 때 생길 장점을 내세우면 설득하기 쉽겠지?

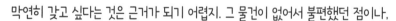

 생각 더하기

● 새 피아노는 건반이 더 부드러워서 연습하기 좋다.
● 피아노로 축하 연주 연습을 해야 해서, 새 피아노가 꼭 필요하다.

● 블록을 갖고 싶다. 블록을 조립하면 집중력을 기를 수 있고, 두뇌 회전에 좋다.
● 새 축구공을 갖고 싶다. 지금 쓰는 것은 오래 되어서 바람을 넣어도 자꾸만 샌다.

## 주장과 근거 쓰기

**주장** 새 피아노가 필요하다.

**근거1** 왜냐하면 오래된 피아노보다 더 맑고 투명한 소리가 나서 연습이 즐거워지기 때문이다.
　　　- 장점 제시1

**근거2** 게다가 새 피아노는 건반이 더 부드러우니 연습 효과도 좋다. - 장점 제시2

**근거3** 실제로 곧 삼촌 결혼식이 있는데, 축하 연주 연습을 하기 위해서는
　　　새 피아노가 꼭 필요하다. - 필요성 강조

 새 물건을 원할 때는 물건의 쓰임이나 필요성이 가장 큰 이유가 되겠지?
장점부터 이야기하면서 필요성을 내세워서 설득력이 생겼어.

 나만의 주장과 근거를 써 보자.

---

'뚝딱' 원하는 물건이 나오는 자판기가 있다면, 무엇이 갖고 싶어?

**주장** _____

**근거1** _____
　　　_____

**근거2** _____
　　　_____

**근거3** _____
　　　_____

# 쭈제 38 과거로 또는 미래로 시간 여행을 할 수 있다면, 언제로 가고 싶어?

과거나 미래로 시간 여행을 하게 해 주는 타임머신이 있다면, 너는 언제로 가 보고 싶니?

꼭 가야 할 이유가 있다면, 그 시간으로 갈 수 있대!

 **서윤쌤의 처방 쏙!** ★★

과거든 미래든 가고 싶은 곳으로 갈 수 있어.

대신 꼭 그때로 가야 하는 이유나 근거, 필요성이나 장점들을 잘 정리해 봐.

### 생각 더하기

- 미래로 가고 싶다. 내가 좋아하는 소윤이와 결혼을 했는지 궁금하다.
- 미래로 가고 싶다. 빨리 어른이 되어 공부를 그만하고 싶다.

- 과거로 가고 싶다. 멸종된 공룡을 실제로 보고, 지금 알려진 내용이 맞는지 확인하고 싶다.
- 과거로 가고 싶다. 곰이 쑥과 마늘을 먹고 사람이 되었다는데, 정말인지 확인하고 싶다.

## 주장과 근거 쓰기

**주장** 타임머신을 타고 과거의 공룡 시대로 가고 싶다.

**근거1** 왜냐하면 책에서만 보던 공룡을 실제로 보면 더 신기하고 재밌을 것 같기 때문이다.
　　　- 주관적인 의견

**근거2** 그리고 공룡이 어떻게 생겼는지, 무엇을 먹었는지 직접 보고 생생한 지식을 얻을 수 있다.
　　　- 장점 제시1

**근거3** 나아가 공룡 시대와 지금의 자연이 어떻게 다른지 보면서 지구의 역사를
　　　탐구할 수 있을 거라고 생각한다. - 장점 제시2

 단순히 호기심에 과거나 미래로 가고 싶을 수도 있겠지만,
　　　좀 더 자세히 생각해 보면 실제로 도움이 되는 것을 발견할 수 있을 거야.

 나만의 주장과 근거를 써 보자.

---

타임머신을 타고 과거 또는 미래로 시간 여행을 할 수 있다면, 언제로 가고 싶어?

**주장** _____

**근거1** _____
　　　_____

**근거2** _____
　　　_____

**근거3** _____
　　　_____

# 쭈제 39 내가 교장 선생님이라면, 학생들에게 어떤 과목을 가르칠까?

어느 날 눈을 떴더니, 나는야 우리 학교 교장 선생님! 오예! 학생들에게 이런 것들을 공부하게 해야겠다!
한 가지를 정하고 그 이유를 말해 줘!

에헴! 여러분, 어린이는 놀 권리가 있습니다. 앞으로 우리 학교는 체육 한 시간만 공부하고, 나머지는 다 놀겠습니다.

내가 교장 선생님이 되었잖아! 좋은 생각이 났어.

교장선생님 와!! 만세~!!

'부자 되는 법' 과목을 가르칠 거야.
엄마가 그러는데 하고 싶은 걸 하려면 일단 돈이 필요하대.

당연히 '체육'이지!
매일 축구만 가르칠 거야.
축구를 열심히 하면 몸이 튼튼해질 거야.

## ★ 서윤쌤의 처방 쏙! ★★

지금 학교에서 배우는 과목들도 모두 배워야만 하는 이유가 있겠지?
학교에서 가르치고 싶은 과목을 정하는 거니, 객관적인 자료를 내세우는 게 중요할 것 같아.

 생각 더하기

- 아직 돈에 대한 지식이 없는 어린이들에게 '금융'에 대해 알려 주어 금융 문맹에서 탈출하게 해야 한다.
- 돈이나 금융에 대해 제대로 알아야 어른이 되어 돈을 많이 벌 수 있다.

- 친구와 잘 지내기 과목을 가르치겠다. 친구들과 싸우지 않고 사이좋게 지내야 학교생활이 재밌다.
- 글쓰기 과목! 글을 잘 쓰는 법을 배우면 친구에게 편지를 쓸 때도, 일기를 쓸 때도 멋진 글을 쓸 수 있다.

## 주장과 근거 쓰기

**주장** 나는 부자 되는 법을 가르칠 것이다.

**근거1** 왜냐하면 뉴스에서 보았는데 돈에 대한 이해가 부족한 '금융 문맹'이 문제가 되고 있다고 했기 때문이다. - 뉴스나 기사 인용

**근거2** 일반적으로 금융에 대해 잘 알아야 돈을 많이 벌 가능성이 높아진다. - 객관적인 사실

**근거3** 그래서 돈 모으는 법을 배워 돈을 벌면, 커서 하고 싶은 일이 생겼을 때도 쉽게 도전할 수 있을 것이다. - 필요성 강조

 뉴스나 책에서 본 것, 시대적으로 필요한 것, 나에게 필요한 이유 등을 생각하면
그것이 바로 근거가 될 수 있지!

 나만의 주장과 근거를 써 보자.

내가 교장 선생님이라면, 학생들에게 어떤 과목을 가르칠까?

**주장**
_____

**근거1**
_____
_____

**근거2**
_____
_____

**근거3**
_____
_____

# 주제 40 숟가락과 젓가락, 둘 중 하나만 이 세상에 남아야 한다면 어느 걸 고를까?

숟가락과 젓가락이 싸우고 있어. 둘 중 이긴 쪽만 이 세상에 살아남을 수 있대.
서로 자신이 더 중요하다고 주장하는데, 누가 이길까?

> 사람들이 너무 바쁜 나머지 숟가락, 젓가락을 따로 쓸 시간조차 없다고 하는구나. 너희 둘 중 하나는 나와 함께 떠나야겠다.

> 후후. 제가 남아야죠. 젓가락 한 쌍이면 뭐든 집어 먹을 수 있다니까요!

> 무슨 소리! 내가 없으면 국물을 어떻게 먹을 건데!

> 숟가락이 남아야 해. 죽이나 카레, 국은 내가 있어야 먹을 수 있다고.

> 젓가락이 남아야 해. 젓가락 한 쌍만 있으면 밥, 반찬, 라면까지 못 먹는 게 없어.

★ **서윤쌤의 처방 쏙!** ★★

숟가락과 젓가락은 둘 다 장점이 확실하지. 이럴 때는 활용 범위나 빈도, 필요성을
더 강조해야만 설득력을 얻을 수 있어.

 **생각 더하기**

- 요즘 대세 후식인 요거트 아이스크림은 숟가락으로 퍼먹어야 제맛이다.
- 어린아이들은 젓가락을 쓰기 어렵지만, 숟가락은 처음부터 쉽게 쓸 수 있다.

- 젓가락은 요리할 때 집고, 섞고, 뒤집는 등 다양하게 활용할 수 있다.
- 중국, 일본, 베트남, 대만 등의 나라에서는 젓가락을 주된 도구로 사용한다.

# 주장과 근거 쓰기

**주장** 젓가락이 남아야 한다고 생각한다.

**근거1** 왜냐하면 우리가 밥을 먹을 때 숟가락보다 젓가락을 훨씬 여러 용도로 사용하기 때문이다. 젓가락으로 밥도 먹고, 반찬도 먹고, 면도 먹고, 건더기도 먹는다. - 필요성 강조

**근거2** 또한 젓가락을 많이 사용하면 정교한 손가락 활동으로 머리가 좋아지는 장점도 있다.
- 장점 제시

**근거3** 반면에 국과 같은 액체는 그냥 마시면 된다. - 반대 의견에 대한 반박

사람들이 숟가락, 젓가락을 각각 사용하는 이유가 있겠지? 그럼에도 불구하고, 반대 의견에 대체할 방법으로 반박한 점이 인상적이야.

  나만의 주장과 근거를 써 보자.

숟가락과 젓가락, 둘 중 하나만 이 세상에 남아야 한다면 어느 걸 고를까?

**주장** _____

**근거1** _____
_____

**근거2** _____
_____

**근거3** _____
_____

# 주제 41 학교는 일주일에 며칠 가는 게 좋을까?

갑자기 학교를 일주일 내내 가야 한다면 어떨까? 하루도 쉬는 날 없이 학교에 가야 하는 거지.
학교는 일주일에 며칠 가는 게 좋을까?

## 서윤쌤의 처방 쏙!

이미 진행되고 있는 정책들은 많은 점을 고려해서 어렵게 결정된 거야.
그 결정을 바꾸려면 구체적인 정보, 통계 등을 활용해서 근거로 내세워야 설득력이 생겨.

 생각 더하기

- 성장기 어린이는 주 3일 정도 충분히 휴식할 필요가 있다.
- 학교에 나가는 날짜가 줄면, 학교 폭력도 줄어들 것이다.

- 부모님은 주 5일 근무를 하시는데, 자녀와 일정이 다르면 부모님이 힘들어진다.
- 갑자기 학교 가는 날을 줄이거나 늘리면 공부하는 분위기가 혼란스러워질 수 있다.

## 주장과 근거 쓰기

**주장** 일주일에 4일만 학교에 가는 것이 좋다고 생각한다.

**근거1** 왜냐하면 주 4일 등교하면 공부를 더 집중해서 할 수 있기 때문이다. 연구에 따르면, 적절한 휴식과 수면은 기억력 향상에 도움이 된다고 한다. - 전문가의 의견

**근거2** 그리고 최근에 학교 폭력과 학교 안전 사고 비율이 증가했다고 하는데 학교에 나가는 날이 줄면 그런 사건, 사고도 줄어들 것이다. - 주관적인 의견1

**근거3** 또한 주 4일 등교하면, 공부하고 친구들과 놀고 집에서 쉬는 것까지 제대로 할 시간이 생길 것 같다. - 주관적인 의견2

연구 결과에 사회 문제까지 다루었네. 하지만 개인적인 의견보다는 공식적으로 인정된 자료들을 활용하면 설득력을 높이는 데 훨씬 유리하겠지.

  나만의 주장과 근거를 써 보자.

학교는 일주일에 며칠 가는 게 좋을까?

**주장** _____

**근거1** _____

_____

**근거2** _____

_____

**근거3** _____

_____

## 주제 42 사막에서 핫 팩을 팔려면 어떻게 설득해야 할까?

사막에서 살게 된 나. 돈은 한 푼도 없는데 뜨거운 핫 팩만 한 상자 갖고 있어. 사막에서 벗어나려면
핫 팩을 다 팔아야 한다니 큰일이야. 어떡하면 좋지?

핫 팩 한 상자를 모두 팔아.
탈출 자금을 마련하시오.

엥? 그런데 여기는
사막이잖아. 사막에서
핫 팩을 팔라고?

오! 내가 좋아하는
게임인가 봐. 신난다.

핫 팩을 다른 용도로 쓸 수 있어.
사막에 사는 사람도 어깨나
무릎이 결릴 수 있어. 그러니
찜질을 하는 데 도움이 될 거야.

사막에서도 핫 팩이 필요해.
사회 시간에 배운 내용에 따르면
사막도 밤에는 기온이 뚝 떨어져
춥대. 그러니 밤에는 핫 팩이 필요해.

 ★ 서윤쌤의 처방 쏙! ★★

용도 변경과 일교차를 근거로 들다니! 정말 좋은 접근이야. 막막한 주제일 때는
일반적인 지식에서부터 완전히 다른 방향까지 넓혀서 생각해 보는 것도 좋은 방법이지.

 생각 더하기

● '사막에서 하는 이열치열 핫 팩 체험'으로 여행객들
에게 체험 상품을 판매한다.
● '뜨거운 사막 핫 팩'을 기념품으로 팔면, 사람들이 흥미를
느끼고 구매할 수 있다.

● 갑자기 관절이나 근육이 아픈 응급 상황에 대비하려면
핫 팩이 필요하다고 설득한다.
● 모래 폭풍이나 날씨 변화에 대비해 핫 팩을 미리
준비해 두라고 한다.

# 주장과 근거 쓰기

**주장** 사막에서도 핫 팩이 필요하다.

**근거1** <u>왜냐하면</u> 사막은 낮에는 뜨겁지만 밤에는 춥기 때문에, 핫 팩을 사 놓고 밤에 사용할 수 있다. - 일반적인 지식

**근거2** <u>사실</u> 사막을 계속 돌아다니다 보면 다리가 아프다. 따뜻한 핫 팩으로 근육과 관절을 풀어 줄 수 있다. - 새로운 제안1

**근거3** <u>또는</u> '뜨거운 사막 핫 팩'을 기념품으로 만들어 팔면 사람들이 흥미를 느끼고 구매할 것이다. - 새로운 제안2

 사막은 무조건 뜨겁기만 하다고 생각하기 쉬운데, 알고 있는 '지식'을 근거로 잘 활용했어. 게다가 새로운 아이디어까지 더하니 사막에서도 핫 팩을 팔 수 있을 것 같네!

 나만의 주장과 근거를 써 보자.

사막에서 핫 팩을 팔려면 어떻게 설득해야 할까?

**주장** _____

**근거1** _____

_____

**근거2** _____

_____

**근거3** _____

_____

## 주제 63 왕이 치킨 금지령을 내렸다면, 왕을 설득할 방법은?

우리나라에서 치킨을 싫어하는 사람은 아마 찾기 쉽지 않을 거야. 그렇게 모두가 좋아하는 치킨을 나라에서
갑자기 못 먹게 한다면 어떨까?

아아.
마이크 테스트.

긴급 왕명 전달이 있어
알립니다. 위대하신 왕께서
백성의 건강을 위해, 치킨 금지령을
내리셨습니다. 어길 시 벌금형이니
주의하십시오.

오늘 끝나고 치킨에
슬러시 어때?

아, 좋지!

치킨을 안 먹으면
무슨 낙으로 살죠?

아니, 그럼 난 어떻게
살라는 거야?

치킨 먹는 것을 금지하면
오히려 건강이 나빠질 거예요.
치킨을 팔아 생계를 유지하는
사람들은 치킨이 팔지 못하면,
일자리를 잃고 스트레스로
건강이 나빠질 수 있어요.

치킨은 정말 맛있어요.
치킨만큼 맛있는 음식은 없어요.

## ★ 서윤쌤의 처방 쏙! ★★

왕의 명령을 바꾸는 일이니, '치킨은 맛있다'와 같은 단순한 근거로는 설득이 어렵겠지?
금지했을 때 생기는 문제점을 짚어 주면 좋겠어.

 생각 더하기

- 치킨을 못 먹어서 생기는 스트레스가 건강을 더 해칠
  수 있다.
- 치킨 가게에서 일하는 사람들은 일자리를 잃는다.

- 치킨은 우리 가족에게 행복한 시간을 만들어 준다.
- 아무리 건강을 생각한다는 좋은 이유가 있다고 하지만,
  그것이 백성들의 일자리와 먹을거리를 빼앗는 조건이
  되지는 않는다.

## 주장과 근거 쓰기

**주장** 건강을 생각한다면 오히려 치킨 먹는 것을 금지하면 안 된다.

**근거1** 첫째, 치킨 가게에서 일하는 사람들은 일자리가 없어지면 돈을 벌 수 없는 어려움 때문에
오히려 건강이 나빠진다. - 문제점 제시1

**근거2** 둘째, 치킨을 못 먹어서 생기는 스트레스가 건강을 더 해칠 수도 있다.
- 문제점 제시2

**근거3** 셋째, 치킨과 채소를 함께 먹거나 기름을 적게 사용해서 더 건강하게 먹는
조리법을 개발할 수도 있다. - 반대 의견에 대한 해결책 제시

치킨 먹는 것을 금지함으로써 오히려 건강이 나빠질 수 있는 점을 근거로 내세웠구나.
게다가 치킨을 건강하게 먹을 수 있는 해결 방법까지 제시해서 더 탄탄한 주장이 되었네.

 나만의 주장과 근거를 써 보자.

---

왕이 치킨 금지령을 내렸다면, 왕을 설득할 방법은?

**주장** _____

_____

**근거1** _____

_____

**근거2** _____

_____

**근거3** _____

_____

---

103

# 주제 44 로봇 선생님과 인간 선생님, 어느 쪽이 좋을까?

학교에 로봇 선생님이 도입되었대. 학생들은 로봇 선생님과 인간 선생님 중에 고를 수 있어.
너는 어떤 선생님이 좋아?

## ★ 서윤쌤의 처방 쏙! ★★

이 문제는 '선생님'에 대해서 생각하기보다는 '로봇'과 '인간'의 차이점에 대해서 생각해 보면
도움이 돼. 둘의 장단점을 근거로 활용해 봐.

 생각 더하기

- 로봇 선생님은 피곤하거나 지치지 않는다.
- 로봇 선생님은 실수 없이 정확하게 알려 주실 것이다.

- 인간 선생님은 우리 학습 수준이나 그날 컨디션, 기분에 따라서 수업을 조절해 주신다.
- 로봇 선생님은 고장이 나거나 배터리가 방전되면 공부를 못 하게 된다.

# 주장과 근거 쓰기

**주장** 나는 인간 선생님을 선택하겠다.

**근거1** 첫째, 아무래도 로봇 선생님보다 내 마음을 더 잘 이해해 줄 거라고 생각한다.
- 장점 제시1

**근거2** 둘째, 로봇은 프로그램에 따라서만 말하고 반응하는데, 인간 선생님은 우리 기분이나 몸 상태, 학습 수준 등의 상황에 맞게 수업해 주신다. - 장점 제시2

**근거3** 셋째, 로봇 선생님이 갑자기 고장 나면 학생들이 수업을 중단하거나 불편을 겪을 수 있다. - 반대 의견에 대한 단점 제시

 마음, 기분, 몸 상태 등은 인간만이 가지는 특성인 것 같아.
이렇게 고유한 특성의 장점이 바로 반대 의견에 대한 반박이 될 수 있지.

 나만의 주장과 근거를 써 보자.

로봇 선생님과 인간 선생님, 어느 쪽이 좋을까?

**주장** _____

**근거1** _____

_____

**근거2** _____

_____

**근거3** _____

_____

# 주제 45 마법 능력이 있는 친구가 있다면,
## 우리 반의 어떤 문제를 해결해 달라고 부탁할까?

우리 반에 마법 능력을 가진 수상한 전학생이 왔어. 마법으로 우리 반의 가장 골치 아픈 문제를 해결해
준다고 해. 어떤 문제를 해결해 달라고 할래?

싸움 없는 반으로 만들어 줘.
학교 폭력 때문에 힘들어하는
친구들이 많거든.

우리 교실을 깨끗하게 만들어 줘.
교실이 지저분해서
공부에 집중이 안 되거든.

## ★ 서윤쌤의 처방 쏙! ★★

반에서 해결해야 할 일 중에 가장 심각한 지점을 찾아야겠네. 직접적이든 간접적이든
경험한 내용을 토대로 주장하는 것이 가장 설득력이 있겠어.

 생각 더하기

● 친구들끼리 싸우지 않으면 공부에 더 집중할 수 있다.
● 서로 배려하고 협력하게 된다면, 반 친구들 모두가
  행복하게 지낼 수 있다.

● 건강을 지키기 위해서는 교실이 깨끗해야 한다.
● 교실이 깨끗하면 공부하는 분위기도 좋아진다.

## 주장과 근거 쓰기

**주장** 싸움 없는 반으로 만들어 달라고 부탁한다.

**근거1** 첫째, 교실에서 학교 폭력 사건으로 친구들과 선생님, 모두가 힘들었던 적이 있다.
- 직접 경험

**근거2** 둘째, 친구들끼리 싸우지 않고 배려하면서 지내면, 모두가 학교생활을 행복하게 할 수 있다.
- 일반적인 사실

**근거3** 셋째, 친구들끼리 잘 지내면 청소처럼 일상적인 문제는 자연스럽게 해결된다.
교실은 깨끗한데 서로 싸우면 그게 더 힘든 일이다. - 다른 의견에 대한 반박

 경험에서 나온 정말 좋은 주장이야. 반 친구들이 모두 사이가 좋으면
청소 같은 사소한 문제는 저절로 해결될 테니까 말이야.

 나만의 주장과 근거를 써 보자.

마법 능력이 있는 친구가 있다면, 우리 반의 어떤 문제를 해결해 달라고 부탁할까?

**주장** _____

**근거1** _____
_____

**근거2** _____
_____

**근거3** _____
_____

주장과
근거쓰기 4

사회 논술

고기 없는 급식은
필수야!

고기 없는 급식은
선택이에요!

우리가 어른이 되어 사회에 나가면 다양한 사람들과
함께 살아가야 해요. 그 속에는 여러 가지 문제와 관점이
존재하지요. 사회 속에서 일어나는 일들을 바라보며
자신의 주장과 근거를 써 보는 사회 논술은 적극적인 시민으로
성장하는 데 큰 도움이 됩니다. 논술을 통해 세상을
더 깊이 이해하고, 더 나은 사회를 만들 토대를 다져 보세요.

서윤쌤
비법 처방

# 주제 46 어린이 공원에서 공놀이를 하면 안 될까?

어린이 공원에 현수막이 걸렸어. 자세히 보니 '어린이 공원 내 공놀이를 자제해 주세요. 공 튀는 소리 힘들어요.'라고 적혀 있었어. 공원에서의 공놀이, 너는 어떻게 생각해?

여기야, 여기. 패스, 패스.

미, 미안해. 괜찮니?

그러면 우리는 대체 어디에서 놀란 말이야?

너희들! 여기서 공놀이 금지인 거 몰라?

어린이 공원에서는 공놀이를 해도 된다고 생각해.
어린이 공원은 동네에서 어린이들이 자유롭게 놀 수 있는 곳이야.
그러니 공놀이도 할 수 있지.

어린이 공원에서의 공놀이를 자제해야 해.
공원에서 공놀이를 하면, 공원 주변에 사는 사람은 시끄러워서 힘들 수 있잖아.

## ★ 서윤쌤의 처방 쏙! ★★

각각의 중요한 가치에 대해 말하면 좋아. 중요한 것은 공놀이가 아니라, '어린이 공원'의 역할이야.
사람들이 생각하는 어린이 공원의 가치를 떠올려 봐.

 생각 더하기

● 세계 보건 기구에서는 하루에 한 시간 이상 어린이들이 신체 활동을 해야 한다고 했다.
● 공원에서 공놀이하는 시간을 정하는 식으로 운영하면 좋겠다.

● 공원은 원래 모든 사람이 평화롭게 쉬는 공간인데, 공놀이를 심하게 하면 다른 사람이 쉴 수 없다.
● 공놀이를 하지 않은 사람들이 공에 맞을 수도 있다. 안전이 최우선이다.

## 주장과 근거 쓰기

**주장** 어린이 공원에서는 공놀이를 해도 된다고 생각한다.

**근거1** 왜냐하면 세계 보건 기구에서는 하루에 한 시간 이상 어린이들이 신체 활동을 해야 한다고 했는데, 어린이 공원은 어린이가 신체 활동을 하기 좋은 곳이기 때문이다. - 전문가의 의견

**근거2** 특히 공원은 뛰어놀 수 있는 공간인데, 공놀이를 하지 말라고 하는 것은 아이들에게 뛰어놀지 말라고 하는 것과 같다. - 반대 의견에 대한 반박

**근거3** 다만 주민들이 시끄러워서 힘들다면, 공놀이하는 시간을 정하는 식으로 운영하면 좋겠다. 너무 늦은 시간이나 이른 시간에는 공놀이를 하지 않으면 된다. - 해결책 제시

 어린이 공원의 가치, 이유에 대해 집중해서 전문가의 의견을 근거로 내세웠구나.
어쨌든 문제점도 있으니, 그 해결 방법을 근거로 제시한 건 잘했어!

 나만의 주장과 근거를 써 보자.

어린이 공원에서 공놀이를 하면 안 될까?

**주장** _____

**근거1** _____
_____

**근거2** _____
_____

**근거3** _____
_____

| 사회 논술 |

## 주제 47  쓰레기를 몰래 버리는 사람에게 더 큰 벌을 주는 게 맞을까?

공공장소에 쓰레기를 무단으로 버리면 보기에 좋지 않을 뿐만 아니라, 안전사고도 일어날 수 있어.

쓰레기 버리는 것을 막기 위해 지금보다 더 큰 벌을 준다면 어떨 것 같니?

쓰레기를 버리는 사람에게 더 큰 벌을 주는 건 아니라고 생각해요. 벌이 커지면 처음에만 조심하다가 결국 적응해서 또 버릴 거예요. 사람의 생각이 변하지 않으면 소용없어요.

쓰레기를 버리는 사람에게 더 큰 벌을 주어야 한다고 생각해. 쓰레기를 무단으로 버리면 환경이 오염될 수 있어. 강력한 처벌이 있어야 버리지 않아.

## ★ 서윤쌤의 처방 쏙! ★★

실제로 쓰레기를 무단 투기할 때의 벌을 알아봐도 좋고, 학교생활 규칙처럼 실제 생활에서 겪는 사례들을 조사해 봐도 좋겠어.

 **생각 더하기**

- 벌을 강하게 하려면 단속도 강하게 해야 하는데, 그러려면 단속하는 비용도 많이 든다.
- 사람들은 쓰레기를 몰래 버리는 방법을 더 연구할 것이다.

- 교실에서 떠든 친구들에 대한 벌칙이 세지자, 친구들이 떠들지 않았다.
- 벌금이 커지면 사람들이 더 신중하게 행동할 가능성이 높아진다.

# 주장과 근거 쓰기

**주장** 쓰레기를 몰래 버리는 사람에게 지금보다 더 큰 벌을 줘야 한다고 생각한다.

**근거1** 왜냐하면 우리나라는 길에서 쓰레기를 버리면 보통 5만 원에서 100만 원 이하의 벌금을 내는 데 비해, 수백만 원의 벌금을 내는 싱가포르는 거리가 깨끗한 것으로 유명하기 때문이다.
  - 다른 나라 사례

**근거2** 실제로 교실에서도 벌칙이 세지니까 친구들이 규칙을 더 잘 지켰다. - 간접 경험

**근거3** 마찬가지로 벌이 세지면 사람들은 벌을 피하기 위해 더 조심하고 쓰레기도 버리지 않을 것이다. - 주관적인 의견

쓰레기를 무단 투기했을 때 더 큰 벌금을 주는 나라를 조사하고 그 효과까지 알아보았구나.
반대 의견이라면 벌을 주기보다 교육을 해서 효과를 거둔 나라를 조사해 보면 좋겠어.

나만의 주장과 근거를 써 보자.

---

쓰레기를 몰래 버리는 사람에게 더 큰 벌을 주는 게 맞을까?

 **주장**
_____

 **근거1**
_____
_____

**근거2**
_____
_____

**근거3**
_____
_____

# 주제 48 지하철 임산부 보호석, 정말 필요할까?

지하철에서 분홍색 자리를 본 적 있지? 지하철이 붐빌 때, 빈자리로 두기 아깝고 아예 필요하지 않다고
하는 사람들도 있지. 임산부 보호석은 과연 필요할까?

임산부 보호석은 필요해.
지하철에서 임산부가
오래 서 있는 것은 힘들어.

임산부 보호석은 굳이 필요 없어.
임산부가 보이면 양보해
주면 되잖아.

★ 서윤쌤의 처방 쏙! ★★

사회 정책과 관련한 주제일 때는 전문가의 의견, 통계 자료를 인터넷에서 검색해서
근거로 활용해도 좋아.

 생각 더하기

● 설문 조사에 따르면, 많은 임산부가 대중교통 이용 시
  자리를 양보받지 못한 경험이 있다고 한다.
● 임산부인지 아닌지 헷갈릴 때가 있다.

● 임산부인 것을 확인할 수 있는 임산부 뱃지가 있다.
● 지하철이 붐비는 출퇴근 시간대에도 임산부 보호석이
  비어 있는 경우가 많다.

## 주장과 근거 쓰기

**주장** 지하철 임산부 보호석이 필요하다고 생각한다.

**근거1** 첫째, 지하철에서 임산부가 오래 서 있는 것은 임산부와 아기 모두에게 좋지 않다.
- 객관적인 사실

**근거2** 둘째, 임산부에게 자리를 양보하면 된다고 하지만, 임산부인지 아닌지 알 수 없을 때가 있으니 비워 두는 게 맞다. - 반대 의견에 대한 반박

**근거3** 셋째, 한국교통연구원의 설문 조사에 따르면, 임산부의 약 60%가 대중교통 이용 시 자리를 양보받지 못한 경험이 있다고 한다. - 통계 자료

 통계 자료를 좋은 근거로 활용했네. 객관적인 사실로도 설득할 수 있지만, 믿을 만한 자료는 주장을 뒷받침하는 데 더 도움이 되지.

 나만의 주장과 근거를 써 보자.

지하철 임산부 보호석, 정말 필요할까?

**주장** _____

**근거1** _____

_____

**근거2** _____

_____

**근거3** _____

_____

# 주제 49 길고양이에게 먹이를 주는 게 옳은 일일까?

길고양이들에게 먹이를 제공하는 사람이 있어. 이러한 행동이 생태계 교란이나 위생 문제를 일으킬 수 있다는 의견도 있지. 길고양이에게 먹이를 주는 것이 과연 동물 보호의 차원일까, 아니면 더 신중하게 생각해야 할 문제일까?

누가 우산을 이런 데다 버렸지?

밥그릇이 있어. 길고양이한테 밥을 주는 곳인가 봐.

나는 쓰레기를 버린 줄 알았어. 길고양이 밥 주는 것도 좋지만, 정말 괜찮은 걸까?

· · ·

길고양이에게 먹이를 주어야 해. 길고양이도 살아 있는 생명이야. 먹이를 줘야 살아갈 수 있어.

길고양이에게 먹이를 주지 말아야 해. 길고양이에게 먹이를 주는 장소에 먹이와 함께 쓰레기가 남거나, 길고양이가 몰려들면서 주변 환경이 더러워질 수 있어.

## ★ 서윤쌤의 처방 쏙! ★★

길고양이에게 먹이를 주지 않으면 길고양이에게 어떤 일이 생길지 생각해 봐.

반대로 먹이를 줘서 길고양이가 많아지게 되었을 때의 안 좋은 점은 없는지 잘 따져 보자.

### 생각 더하기

- 길고양이에게 먹이를 주는 것은 생명을 존중하는 일이다.
- 길고양이들이 먹이를 구하기 어려운 도시 환경에서는 먹이를 제공해야 굶주림과 질병을 예방할 수 있다.

- 길고양이가 사람에게 지나치게 의존하게 되면, 스스로 먹이를 구하지 못하게 된다.
- 고양이들은 사냥 본능이 있어서 스스로 충분히 먹이를 구할 수 있다.

## 주장과 근거 쓰기

**주장** 길고양이에게 먹이를 주는 것은 옳은 일이 아니라고 생각한다.

**근거1** 첫째, 길고양이에게 먹이를 주면 음식물이 남거나 고양이가 몰려들어 주변 환경이
더러워질 수 있다. - 문제점 제시1

**근거2** 둘째, 길고양이는 사냥 본능이 있는데, 사람에게 지나치게 의존하면 스스로
먹이를 구하기 어렵고 사냥 본능을 잃어버릴 수 있다. - 문제점 제시2

**근거3** 셋째, 생태계를 이루는 각 동물, 식물의 종류와 수가 안정된 상태로 유지하는
것을 '생태계 평형'이라고 하는데, 그 평형이 깨질 수 있다. - 문제점 제시3

 문제점들을 지적하면서, '생태계의 평형'이라는 개념을 조사했구나.
만약 반대 의견을 주장하고 싶다면 '생명 존중'이라는 단어 의미에 맞추어 근거를 찾아봐도 좋겠어.

 나만의 주장과 근거를 써 보자.

---

길고양이에게 먹이를 주는 게 옳은 일일까?

**주장** _____

**근거1** _____
_____

**근거2** _____
_____

**근거3** _____
_____

| 사회 논술 |

# 주제 50 고기 없는 학교 급식, 반드시 필요할까?

세계 곳곳에서는 온실가스 배출을 줄이기 위해 고기 없는 급식을 실시하고 있어. 우리나라 역시
탄소 중립 중점 학교를 선정하여 고기 없는 급식을 실시하고 한다는데, 어떻게 생각해?

이게 뭐야? 선생님,
식판이 왜 풀밭이죠?

우리 학교는 탄소 중립
실천을 위해 고기 없는
식단을 운영합니다.

탄소 중립 식단

배식대

더 이상 고, 고기를 못
먹는다는 말씀인가요?
말도 안 돼요!

정수기

고기 없는 급식은 필수야.
가축을 키울 때 배출되는
온실가스는 지구를 오염시키기
때문에 온실가스를 줄이기 위해
채식을 해야 해.

고기 없는 급식은 선택이에요.
아이들이 잘 자라기 위해서는 고기가
필요해요. 성장기 학생들의 균형적인
식사를 위해 고기 없는 급식은
다른 곳에서 하면 좋겠어요.

## ★  서윤쌤의 처방 쏙! ★★

어떤 가치를 선택해야 할지 고르기 어려운 주제구나.

그럴수록 신뢰성 있는 자료를 근거로 해야 주장에 설득력이 생기겠어.

 생각 더하기

- 소를 사육하려면 풀밭이 필요하고, 소를 키우는 환경을 만들면서 대규모의 열대 우림이 사라진다.
- 우리가 고기의 섭취를 줄이면 동물들이 겪는 고통도 줄어들 것이다.

- 성장기 어린이에게 필요한 고기 양은 지구 온난화를 일으킬 정도로 많은 양이 아니다.
- 어린이들에게도 반찬을 선택할 권리가 있다.

118

## 주장과 근거 쓰기

**주장** 고기 없는 급식은 필수라고 생각한다.

**근거1** 왜냐하면 소가 풀을 먹고 소화하는 과정에서 방귀나 트림으로 배출하는 메탄이 지구를 뜨겁게 만들고 있는데, 이것이 지구 온난화를 일으키는 원인이기 때문이다. - 문제점 제시

**근거2** 실제로 4인 가족이 I주일에 하루만이라도 채식 식단을 실천하면, I주일 동안 자동차를 운전하지 않은 것과 같은 양의 온실가스가 줄어드는 연구 결과가 있다. - 연구 자료

**근거3** 그리고 성장기 어린이들의 균형 잡힌 영양 섭취를 위해서는 고기 대신 다른 단백질 식품으로 대체할 수 있다. - 해결책 제시

 문제점과 연구 결과 등을 들어서 근거를 완성했구나. 성장기 어린이의 영양 섭취 문제도 중요하니, 그런 부분의 대안을 좀 더 구체적으로 제시하면 좋겠어.

 나만의 주장과 근거를 써 보자.

---

고기 없는 학교 급식, 반드시 필요할까?

**주장** _____

**근거1** _____
_____

**근거2** _____
_____

**근거3** _____
_____

# 이서윤쌤의
# 초등 글쓰기 처방전
## ☆ 논술 : 주장과 근거 쓰기 ☆

**초판 1쇄 인쇄** 2024년 12월 2일
**초판 1쇄 발행** 2024년 12월 15일

**글** 이서윤
**그림** 아밀리아
**펴낸곳** 메가스터디(주)
**펴낸이** 손은진
**개발 책임** 김문주
**개발** 김숙영, 서은영, 민고은
**디자인** 알토란, 손희호
**마케팅** 엄재욱, 김상민
**제작** 이성재, 장병미
**주소** 서울시 서초구 효령로 304(서초동) 국제전자센터 24층
**대표전화** 1661-5431
**홈페이지** http://www.megastudybooks.com
**출판사 신고 번호** 제 2015-000159호
**출간 제안/원고투고** 메가스터디북스 홈페이지 〈투고 문의〉에 등록

**메가스터디BOOKS**
'메가스터디북스'는 메가스터디㈜의 교육, 학습 전문 출판 브랜드입니다.
초중고 참고서는 물론, 어린이/청소년 교양서, 성인 학습서까지 다양한 도서를 출간하고 있습니다.

**제품명** 이서윤쌤의 초등 글쓰기 처방전_논술 : 주장과 근거 쓰기
**제조자명** 메가스터디(주)  **제조년월** 판권에 별도 표기  **제조국명** 대한민국  **사용연령** 3세 이상
**주소 및 전화번호** 서울시 서초구 효령로 304(서초동) 국제전자센터 24층 / 1661-5431